dtv

portrait

Herausgegeben von Martin Sulzer-Reichel

Klaus Körner ist Politikwissenschaftler, Jurist und Buchautor. Neben der Mitarbeit an zeitgeschichtlichen Ausstellungen zahlreiche Veröffentlichungen zur politischen Kultur der Bundesrepublik.

Karl Marx

Von Klaus Körner

Deutscher Taschenbuch Verlag

Weitere in der Reihe **dtv portrait** erschienene Titel
am Ende des Bandes

Originalausgabe
Februar 2008
© Deutscher Taschenbuch Verlag GmbH & Co. KG,
München
www.dtv.de
Umschlagkonzept: Balk & Brumshagen
Umschlagfoto: Corbis/Bettmann
Satz: Fotosatz Reinhard Amann, Aichstetten
Druck und Bindung: Firmengruppe APPL, aprinta druck, Wemding
Gedruckt auf säurefreiem, chlorfrei gebleichtem Papier
Printed in Germany · ISBN 978-3-423-31089-5

Inhalt

1 Karl Marx, Aufnahme 1861

Vorwort

Kein Deutscher der Neuzeit hat eine größere Wirkung in der Welt gehabt als Karl Marx. Zu seinem Namen bekannte sich die internationale sozialistische Bewegung, die sich anschickte, die Welt zu erobern. Der Marxismus schien für viele eine Art Heilslehre zu sein. Revolutionäre in China, Vietnam und Lateinamerika kämpften in seinem Namen und mit seinem Bild. Dass Marx eine Theorie für das industrielle Proletariat entwickelt hatte und nicht für Bauernbewegungen in der unterentwickelten Dritten Welt, schien keine Rolle zu spielen. Marx wurde schon zu Beginn des 20. Jahrhunderts von der aufstrebenden Sozialdemokratie zu einem Mythos hochstilisiert. Aber das war nichts, verglichen mit der Mythologisierung, die er in der Sowjetunion als einer der Begründer der Staatsideologie des Marxismus-Leninismus erfuhr. Die Dogmatisierung seiner Lehre führte dazu, dass jede Abweichung von der herrschenden Ideologie als Häresie gebrandmarkt und hart bestraft wurde.

Dabei stammt schon der Begriff Marxismus von Marx-Gegnern, die sich 1870 um den russischen Anarchisten Michail A. Bakunin scharten. Als Marx' Schwiegersohn Paul Lafargue in Paris eine »marxistische Partei« gründete, erklärte Marx spöttisch: »Moi, je ne suis pas marxiste« (Ich bin kein Marxist). Auf einem Fragebogen, den ihm seine Tochter Laura vorgelegt hatte, zitierte er auf die Frage nach seinem Lieblingsmotto den Philosophen René Descartes: »De omnibus dubitandum« (An allem ist zu zweifeln). Wenn man einen »undogmatischen Marxisten« sucht, so findet man ihn zuerst in der Person Karl Marx. Gleichwohl wurde er lange Zeit und insbesondere nach dem Untergang des sozialistischen Imperiums mitverantwortlich gemacht für alle Fehlentwicklungen dieses Systems, insbesondere den politischen Terror. Professor Konrad Löw verstieg sich sogar zu der Behauptung, Marx habe die ideologische Rechtfertigung für

2 »Rundgemälde von Europa im August 1848«, Karikatur von Ferdinand
Schröder in den ›Düsseldorfer Monatsheften‹ 1848

den Terror der »Roten-Armee-Fraktion« geliefert. Tatsächlich
bietet der Einsturz des Gedankengebäudes »Marxismus-Leninismus« die Chance, einen zweiten Blick auf die Figur des
auf diese Weise »entkernten« Karl Marx zu werfen, der nicht
durch ideologische Mauern verstellt ist.

Eine Biografie soll die Person mit ihren Stärken und
Schwächen beschreiben, sie soll den Menschen in seiner Zeit
und inmitten der geistigen Strömungen der Epoche erfassen.
Marx wurde in die Zeit des Biedermeier und der politischen
Reaktion hineingeboren, er erlebte das Aufbegehren im Vor-
märz und war aktiv an der gescheiterten Revolution von
1848/49 beteiligt. Sein Vollbart galt wie bei vielen anderen
48ern als Bekenntnis zu Freiheit, Demokratie und Einheit
in reaktionärer Zeit, obwohl er im Londoner Exil kaum Verständnis für diese Demonstration finden konnte. Anstelle des
von Marx 1848 erträumten demokratischen Großdeutsch-
lands entstand mit dem Bismarck-Reich ein autoritär regiertes

Großpreußen. Marx war als Sohn jüdischer Eltern ungewollt Außenseiter, als Rheinländer natürlicher Preußenhasser, als bewusster Deutscher sah er aber auch die Vorteile der Reichsgründung für den Aufstieg der Arbeiterklasse, für die er sich engagierte.

Es ist nicht ganz einfach, eine passende Berufsbezeichnung für Marx zu finden. Engels sagte dazu in seiner Totenrede kurz, Marx sei vor allem Revolutionär gewesen. Einer Vollerwerbstätigkeit ist er nur kurze Zeit nachgegangen. Sein Ziel war eine akademische Laufbahn als Philosoph, die ihm wegen der reaktionären Verhältnisse an den deutschen Universitäten verwehrt blieb. Seit er sich politisch engagiert hatte, stand er für Jahrzehnte unter polizeilicher Beobachtung. Als Ausweichpositionen blieben ihm der Journalismus und die Tätigkeit als Privatgelehrter, die ihm sein Freund Friedrich Engels durch seine Zuwendungen ermöglichte. Einen Aspekt der Biografie muss die unsichere Existenz der Familie bilden.

Marx war als Bildungsbürger erzogen, er hatte sich eine nahezu universelle Bildung angeeignet und hat ein gewaltiges Werk hinterlassen, mit dem sich die Schriften keines der akademisch arrivierten Professoren seiner Zeit messen lassen können. Die 1975 zunächst vom Institut für Marxismus-Leninismus in Berlin begonnene und nach 1990 von der Internationalen Marx-Engels-Stiftung fortgesetzte Gesamtausgabe der Werke von Marx und Engels wird voraussichtlich 122 Bände umfassen. Der größere Teil davon besteht aus Exzerpten und Entwürfen. Marx war kein Dogmatiker, der Lehrbücher nach einem festen Schema und mit festen Gewissheiten schrieb. Vielleicht war es sogar eine Spätfolge der Romantik, dass Marx ein Faible für das Unvollendete hatte, dass er ständig an den gerade fertiggestellten Texten weiterarbeitete. Marx' zentrales Fach war die Politische Ökonomie. Aber zugleich war er bedeutender Jurist, Historiker, Philosoph, Soziologe, Sozialhistoriker und Ideengeschichtler.

Ein Ziel der Biografie ist es, auf die Breite seines Schaffens und auf die Zeitgebundenheit seiner Analysen hinzuweisen.

Marx hielt sich viel darauf zugute, entdeckt zu haben, dass Begriffe und Systeme zeitbedingt seien. Wenn Marx-Kritiker darauf verweisen, dass viele seiner Prognosen über Ausbeutung, Verelendung und Krisen sich langfristig als so nicht richtig erwiesen haben, so muss man entgegnen, dass er den Frühkapitalismus im viktorianischen England erfasst, beschrieben und analysiert hat. Wollte man ihm vorwerfen, nicht »up to date« zu sein, meint der Soziologe C. Wright Mills, müsste man Marx vorhalten, dass er bereits 1883 gestorben sei.

Die Breite des Werks von Marx zeigt sich auch in den unterschiedlichen Textsorten, wie es im Fachjargon heißt. Er legte vor allem mit dem ›Kapital‹ ein in der Terminologie der Wirtschaftswissenschaftler seiner Zeit abgefasstes wissenschaftliches Werk vor. Er hat als Journalist über Jahrzehnte anschauliche, fundierte und leicht verständliche Artikel geschrieben, die in das Programm jeder Journalistenausbildung gehören. Marx war einer der glänzendsten Polemiker seiner Zeit, gerade seine Kampfschriften haben nichts von ihrer Frische und Verve verloren, dazu gehört etwa das ›Kommunistische Manifest‹.

Marx hatte bei seinen Arbeiten eine Vorliebe für abgelegene Themen und Exkurse. Mit einem Anflug von schwarzem Humor handelt er in dem als Band IV des ›Kapitals‹ vorgesehenen hinterlassenen Werk ›Theorien über den Mehrwert‹ die »produktive Arbeit« des Verbrechers ab. Der Verbrecher produziere nicht nur das Verbrechen, sondern auch das Kriminalrecht und die Polizei sowie den Professor, der Vorlesungen über Kriminalrecht abhalte. Schließlich animiere der Verbrecher sogar den Dichter, Tragödien zu schreiben, wie Schillers ›Räuber‹, Sophokles’ ›Ödipus‹ oder Shakespeares ›Richard III.‹.

Marx war auch ein großer Briefschreiber. In seinen in lebendigem Stil verfassten Briefen, vor allem an seinen Freund Friedrich Engels, entfaltete er die ganze Bandbreite möglicher Themen, von schwierigen wissenschaftlichen Fragen bis zu seichtestem Klatsch.

Seit Marx' Tod und verstärkt seit Sowjetzeiten hat sich eine vielfältige »marxistische Wissenschaft« herausgebildet, die Marx erklärt, in Anspruch nimmt, fortsetzt und sämtliche Fächer umfasst. Ziel dieser Biografie ist es, den Lesern zu empfehlen, Marx im Original zu lesen, beginnend mit dessen leicht zugänglichen historischen und politischen Texten. Der Verfasser gesteht, dass ihm dieser Zugang als Student in den sechziger Jahren durch die Arbeiten von Michael Freund, Siegfried Landshut, Iring Fetscher, Ossip K. Flechtheim und Hans-Joachim Lieber vermittelt worden ist.

Mein Dank gilt auch dem Karl-Marx-Haus in Trier, das mit Auskünften geholfen hat.

In der Welt des Biedermeier: Eine Jugend in Trier

Ein Jude aus dem Rheinland

Ich bin nicht Stiller!« Mit diesem Ausruf beginnt Max Frischs großer Roman. »Ich bin kein Jude, das Judentum geht mich nichts an und der jüdische Glaube ist mir zuwider!«, hätte Karl Marx ausrufen können. Es gibt keinen großen Denker, der auf eine so bedeutende Galerie jüdisch-rabbinischer Vorfahren verweisen könnte – und so wenig mit dem Judentum im Sinn hatte –, wie der am 5. Mai 1818 in Trier als zweites von neun Kindern des Advokatenanwalts Heinrich Marx und seiner Ehefrau Henriette zur Welt gekommene Karl Heinrich Marx. Die Geburtsurkunde weist keine Religionszugehörigkeit aus. Großvater Marx war bis zu seinem Tode 1789 Rabbiner in Trier gewesen und hatte dort Eva Lvov geheiratet, deren Familie aus Hessen stammte, aber ins polnische Lemberg/Lvov ausgewandert war. Aus dieser Ehe stammten drei Söhne, der älteste war der Familientradition folgend Rabbiner in Trier geworden. Der dritte Sohn, Heinrich, hatte Henriette Presburg geheiratet, die aus einer wohlhabenden Rabbinerfamilie im holländischen Nijmwegen stammte und zu deren Vorfahren ein berühmter jüdischer Gelehrter der Universität Padua gehörte. Den Vornamen Heinrich hatte Marx' Vater, der ursprünglich Herschel hieß, wahrscheinlich beim Übertritt zur evangelischen Kirche 1817 angenommen, im Reisepass hieß er Henry, im niederländischen Heiratsvertrag von 1814 Hendrik.

Die Stadt Trier war 1794 von französischen Truppen besetzt und drei Jahre später mit dem übrigen linksrheinischen Gebiet zum Bestandteil Frankreichs erklärt worden, obwohl die förmliche Abtretung durch den Frieden von Lunéville erst 1801 erfolgte. Zu den Errungenschaften der Französischen Revolution und der Annexion gehörte die Einführung des Code Napoléon, eines modernen fünfteiligen Gesetzeswerks. Der Code civil galt in Deutschland bis zum Inkrafttreten des Bürgerlichen Gesetzbuches im Jahre 1900 als Rheinisches bzw. Badisches Landrecht weiter. Das Strafrecht (Code pénal) enthielt festumrissene Tatbestände, über Gesetzesverstöße entschieden nach der Strafprozessordnung (Code d'instruction criminelle) Geschworenengerichte. Karl Marx verdankte seine Freisprüche durch Kölner Gerichte während der Revolution von 1848/49 französischem Recht. Für seinen Vater Heinrich Marx war die von Napoleon verfügte Gleichberechtigung der Juden Voraussetzung für sein 1813 abgeschlossenes Jura-Studium an der französischen

3 Das Geburtshaus in Trier, heute Museum Karl-Marx-Haus

Rechtsschule Koblenz (Faculté de Droit), die der Universität
Mainz zugeordnet war. Napoleon hatte zwar durch das zeit-
lich befristete sogenannte Décret infame von 1808 die Ju-
denemanzipation teilweise wieder aufgehoben, aber in der
Zeit der Befreiungskriege wurde diese Bestimmung in den
Rheinlanden nicht mehr angewandt. Die französische Herrschaft über die Stadt endete mit dem Einmarsch preußischer
Truppen am 5. Januar 1814. Die Verwaltung des Gebiets süd-
lich der Mosel übernahmen zunächst Österreich und Bayern,
bevor das Rheinland durch den Wiener Kongress 1815 Preußen zugeschlagen wurde. Der reaktionäre und antisemitische
Preußenkönig Friedrich Wilhelm III. bestätigte das schänd-
liche Dekret nicht nur, sondern verschärfte es noch. An das
im Besitzergreifungspatent gegebene Versprechen, öffentlich
Bedienstete, wozu auch die Anwälte zählten, weiterzube-
schäftigen, hielt sich der König nicht. Eingaben an die preußische Regierung zugunsten des Advokaten Marx wurden
abgewiesen. Vor die Wahl gestellt, entweder den Beruf aufzugeben oder die Religionszugehörigkeit, entschied sich
Heinrich Marx 1816 mit berechnender Kühle für Letzteres.
Nach Eingang der Zustimmung des Konsistoriums, der
evangelischen Kirchenverwaltung, wurde er Anfang 1817
getauft. Seine Frau wartete mit dem Religionswechsel bis
nach dem Tod ihres Vaters im Jahr 1825, die Kinder waren be-

Aber leider sind meine Verhältnisse von der Art, dass ich als Fa-
milienvater etwas behutsam sein muss. Die Sekte, an welche die
Natur mich kettet, ist wie bekannt in keinem besonderen Ansehen, und die hiesige Provinz gerade nicht die toleranteste. Und
wenn ich viel und manches Bittere erdulden und mein kleines
Vermögen beinahe gänzlich zusetzen musste, bis man sich nur
entschließen konnte zu glauben, ein Jude könne auch etwas Talent haben und redlich sein; so kann es mir wohl nicht verübelt
werden, wenn ich einigermaßen scheu geworden bin.
Schreiben des Advokaten Heinrich Marx an die Immediat-Justiz-
Kommission für die Rheinprovinzen, 1817. In: Jahrbuch des Instituts
für Deutsche Geschichte, Tel Aviv 1973

reits ein Jahr zuvor evangelisch getauft worden, rechtzeitig vor Beginn der Schulpflicht des Sohnes Karl. Seine Konfirmation fand zehn Jahre später statt. Die Protestanten waren im katholisch geprägten Trier eine verschwindende Minderheit und verfügten in der Stadt mit den meisten Kirchen pro Einwohner mit der Garnisonskirche nur über ein eigenes Gotteshaus. Von einem evangelischen Gemeindeleben konnte man daher kaum sprechen. Die evangelische Kirche war also für Heinrich Marx »Christentum light«, sie kam seinen deistischen, aufklärerischen, liberalen und preußisch-patriotischen Grundanschauungen noch am nächsten. Die Taufe führte bei ihm auch nicht zu einem Bruch mit den Juden in Trier. So vertrat er als Anwalt die Interessen der jüdischen Gemeinde. Der Hausarzt der Familie, Dr. Lion Berncastel, blieb ein Jude. Mit ihm gemeinsam besaß Heinrich Marx drei Weinberge bei Trier. Für viele emanzipierte Juden bedeutete die Taufe nach dem bekannten Wort von Heinrich Heine so etwas wie das Entréebillet für die europäische Kultur. Auch wenn Karl Marx zeitlebens vom Judentum nichts wissen wollte, bleibt es dennoch verwunderlich, dass er sich nicht mit dessen Kultur und Geschichte beschäftigte, nicht einmal das Alte Testament genauer kannte und im Briefwechsel mit seinem langjährigen Freund Friedrich Engels mit abfälligen Äußerungen über Juden bis hin zu antisemitischen Sprüchen nicht hinter dem Berg hielt. Nur einmal hat er sich in einer Abhandlung ›Zur Judenfrage‹ zusammenhängend geäußert. In dem Aufsatz aus dem Jahre 1843 setzte er sich mit der These von Bruno Bauer auseinander, die Emanzipation der Juden müsse sich durch Übertritt zum Christentum vollziehen. Marx hält dagegen, der wirkliche, weltliche Jude (»Alltagsjude«) sei nicht durch seine Religion zu erklären. Dann antwortet er auf die selbst gestellte Frage nach dem weltlichen Grund des Judentums: »Das praktische Bedürfnis, der Eigennutz.« Und auf die nach dem weltlichen Kultus: »Der Schacher«, sowie auf die nach dem weltlichen Gott der Juden: »Das Geld«. Kritiker haben darauf verwiesen, dass bei Marx diese Einschätzung schon deshalb nicht stimmte, weil die Mehrheit der jüdischen Bevölkerung in Trier und auch im sonstigen Deutschland aus Handwerkern bestand und nicht aus Bankiers oder Geldwechslern. In seinem Briefwechsel mit Engels ging Marx allerdings noch weiter und ließ es in den 1860er-Jahren nicht an herabsetzenden Äußerungen über Ferdinand Lassalle, »Itzig Gescheid«, den »jüdischen Nigger«, der »talmudische Weisheit« verbreite, fehlen. Dem Herausgeber der Londoner Tageszeitung ›Daily Telegraph‹ kreidete er an, dass er seinen Namen von Levi in Levy abgeändert habe, obwohl ihm seine jüdische Herkunft ins Gesicht geschrieben stehe, er hätte seine Artikel mit der Nase schreiben können. Auch die neuere Forschung hat keine überzeugende Erklärung für diese Ausfälle gefunden. Der israelische Historiker Edmund Silberer kommt in seiner Untersuchung ›Sozialisten zur Judenfrage‹ zu dem Ergebnis, Karl Marx sei Antisemit gewesen. Andere diagnostizieren jüdischen Selbsthass. Heinrich Pächter bestreitet beides und verweist darauf, dass alle Zeitgenossen, die Marx kannten, bestätigt haben, dass er »jüdisch ausgesehen« habe, wegen seiner dunklen Hautfarbe in der Familie mit dem Spitznamen »Mohr« bedacht worden sei und mit seiner üppigen Haarpracht für Michelangelo ein gutes Modell für ein Propheten-Porträt abgegeben hätte. Die Philosophin Hannah Arendt meint, dass für Marx der Staat nur eine Maskierung der gesellschaftlichen Verhältnisse gewesen sei und er sich daher für alle Fragen der Staatsstruktur, also auch die Frage der Gleichberechtigung der Juden, »desinteressiert« habe.

Angehender Humanist unter »Bauernlümmeln«:
Die Schulzeit

Über die Kindheit und Jugend von Karl Marx ist wenig bekannt. Dass er und sein früh verstorbener älterer Bruder als Kinder von der Mutter jüdisch erzogen wurden, ist reine Spekulation. Es bleibt ungeklärt, ob die Taufe, die unauffällig im Privathaus vollzogen wurde, als er sechs Jahre alt war, für Marx ein traumatisches Erlebnis gewesen sei, wie einer seiner Psycho-Biografen meint. Man kann eher davon sprechen, dass ein Fluch über der Familie gelegen zu haben scheint, denn die häufigste Todesursache in der Familie war die damals noch massenhaft auftretende Tuberkulose. Fünf der neun Kinder der Familie Marx sind früh verstorben. Und bei der Musterung gab der zwanzigjährige Karl im Frühjahr 1838 unter Vorlage von Attesten von Dr. Berncastel an, wegen »Blutspuckens« nicht wehrfähig zu sein. Er wurde zunächst zurückgestellt, und die Nachmusterung führte 1841 zu dem Befund »wehruntauglich«.

Die Familie lebte zunächst zur Miete im Haus Nr. 664 in der Brückengasse, die auf die aus römischer Zeit stammende Moselbrücke führt. Das Marx'sche Geburtshaus wurde 1928 von der SPD gekauft und als Geschichtsmuseum »Karl-Marx-Haus« eingerichtet. Bereits 15 Monate nach der Geburt von Karl Marx konnte die Familie in das größere Haus Nr. 1070 in der Simeongasse (jetzt Simeongasse 8) nahe der Porta Nigra, einem der bedeutendsten Bauwerke der Römerzeit in Deutschland, einziehen. Seine Eltern hatten das Haus mit vier Zimmern, zwei Kammern, zwei Alkoven, einer Küche und drei Mansardenzimmern aus der Mitgift der Mutter gekauft. Die Urkunden über die geringe Einkommenssteuer, die Anwalt Marx zahlte, zeigen, dass seine Familie in gesicherten, aber keinesfalls üppigen Verhältnissen lebte. Dass Heinrich Marx seit 1821 für Jahre zum Vorsteher der Trierer Anwaltschaft gewählt und mit dem Titel Justizrat geehrt wurde, beweist die Integration der Familie in die Gesellschaft der Stadt. Wie viele arrivierte Bürger gehörte auch Heinrich Marx zu der noch aus der Franzosenzeit stammenden »Gesellschaft des literärischen Casinos«, kurz »Casino-Gesellschaft« genannt, die 1834 zu Ehren der Trierer liberalen Abgeordneten des rheinischen Provinziallandtages ein Bankett gab. Die Festansprache des Mitorganisators Marx endete mit einem ironischen Hoch auf den reaktionären Preußenkönig Friedrich Wilhelm III., das sowohl den antipreußischen Affekten der Mehrheit als auch den Erwartungen der Polizeispitzel entsprach: »Darauf lasset uns in tiefstem Vertrauen einer heiteren Zukunft entgegensehen, denn sie beruhet in der Hand eines gütigen Vaters, eines gerechten Königs. Sein edles Herz wird gerechten vernünftigen Wünschen seines Volkes immer hold und offen bleiben!« Anschließend wurden revolutionäre Lieder gesungen. Beim Stiftungsfest des Casinos zwei Wochen später wurde sogar die Trikolore gezeigt und die Marseillaise angestimmt. Der Bericht eines Polizeispitzels vermerkt, dass Justizrat Marx zwar anwesend gewesen sei, aber nicht mitgesungen habe. Die preußische Regierung ordnete eine verstärkte Überwachung dieser Gesellschaft an. Zu deren Mitbegründern gehörte auch der liberale Gymnasialdirektor Hugo Wyttenbach, ein Freund der Familie Marx. Das Gymnasium war als Jesuitenschule gegründet worden, in der Franzosenzeit in das Collège de Trèves verwandelt und nach 1815 als Friedrich-Wilhelms-Gymnasium weitergeführt und durch Einstellung angesehener Wissenschaftler als Lehrer im Niveau angehoben worden. Bei einer Hausdurchsuchung bei Direktor Wyttenbach wurden »hochverräterische Schriften« mit den Ansprachen, die beim Hambacher Fest der demokratisch-republikanischen Volksbewegung gehalten worden waren, gefunden. Um den Einfluss des liberalen Direktors Wyttenbach zu schmälern, in dessen Schule angeblich »Atheismus und Materialismus« propagiert würden und unter der Hand revolutionäre Schriften kursierten, erhielt er 1834 mit Dr. Vitus von Loers einen reaktionären Stellvertreter zur Seite gestellt. Karl Marx besuchte das Gymnasium von 1830 bis zum Abitur im September 1835. Das Schulgeld betrug anfangs sieben und später acht Taler pro Halbjahr. Warum Marx erst 1830 in die Quarta des Gymnasiums kam, ist bisher unbekannt, denn preußische Gymnasien begannen Jahre früher mit der Einschulung in Vorschuljahrgänge. Wahrscheinlich ist er durch Privatunterricht bei einem Buchhändler, einem Freund seines Vaters, auf das Gymnasium vorbereitet worden. Sicher ist die besondere Begabung, die seinen Sohn Karl

4 Johann Hugo Wyttenbach

befähigen würde, Abitur zu machen, Jura zu studieren und
vielleicht die Anwaltskanzlei zu übernehmen oder Richter
zu werden, Heinrich Marx schon früh aufgefallen. Zum Vater
hatte der junge Karl schon sehr früh ein enges Verhältnis,
denn der hatte viel Verständnis für den eigenwilligen Sohn
und förderte seine Bildung nach Kräften. Ein sicheres Zeichen der Verehrung seines Vaters ist die Daguerreotypie eines Porträts, die Karl Marx später stets bei sich trug und die
Friedrich Engels ihm 1883 mit ins Grab legte.

Die Mutter war in erster Linie Hausfrau. Sehr viele geistige Interessen scheint sie nicht gehabt zu haben. Sie sprach
und schrieb ihr Leben lang nur unbeholfen Deutsch, ihre
Muttersprache war wahrscheinlich das Jiddische, denn sie
schrieb auch an ihre niederländische Verwandtschaft auf
Deutsch. Andererseits war sie durchaus in geschäftlichen
Dingen bewandert, so zeigten in ihrem Nachlass aufgefun-
dene Schuldscheine, dass sie auch Geld verliehen hatte. Für
ihren Sohn Karl hatte sie während seines Studiums gute Rat-
schläge parat, etwa auf Reinlichkeit und Ordnung zu achten
oder sich im Winter warme Jacken schneidern zu lassen.

Der erste Bundespräsident Theodor Heuss machte sich bei
Gymnasiallehrern durch die Bemerkung unbeliebt, er habe
nicht viel von, sondern viel an seinen Lehrern gelernt. Anders war es bei Karl Marx, im Gymnasium wurde sein Inte-

resse für die Philosophie der Aufklärung und des deutschen Idealismus, die Grundlagen seiner späteren Weltanschauung, geweckt. Der Literaturunterricht brachte ihm Goethe, Schiller, Dante und Shakespeare, der Griechischunterricht die Klassiker des griechischen Altertums nahe. Noch im Alter las Marx jedes Jahr erneut die Komödien von Aristophanes. Seine Schriften sind mit Zitaten aus der Weltliteratur durchsetzt.

Seine besondere Vorliebe für Shakespeare verdankte Marx allerdings auch der Bekanntschaft oder Freundschaft mit dem Geheimen Regierungsrat Ludwig von Westphalen. Die Verbindung zu ihm kam auf dreifache Weise zustande. Sohn Edgar von Westphalen saß neben Karl in derselben Schulbank des Gymnasiums. Karls ältere Schwester Sophie und Edgars Schwester Jenny waren engste Freundinnen. Und die Väter kannten sich aus der Casino-Gesellschaft. Der Geheime Regierungsrat Ludwig von Westphalen war der zweithöchste Beamte der Provinzialregierung in Trier. Er hatte einen adligen Stammbaum aufzuweisen, väterlicherseits den Generalstabschef Friedrichs des Großen, mütterlicherseits den schottischen Earl of Argyll, und war in erster Ehe mit Lisette von Veltheim verheiratet. Einer der Söhne aus dieser Ehe, Ferdinand von Westphalen, wurde später als besonders reaktionärer Innenminister Preußens bekannt. Die Kinder Jenny und Edgar entstammten der zweiten Ehe mit Caroline Heubel.

Da Ludwig von Westphalen nach der Versetzung an die Regierung in Trier im Jahre 1816 keine weiteren Aufstiegsambitionen hatte, konnte er es sich leisten, Verständnis für die Nöte der Bevölkerung seiner Provinz zu zeigen, seine liberale Gesinnung zu demonstrieren, seiner Vorliebe für die Großen der Dichtkunst nachzugehen und sich Zeit für ausgiebige Wanderungen zu nehmen. Schon früh war ihm aufgefallen, dass – im Gegensatz zu seinem Sohn Edgar – dessen Schulfreund Karl, Sohn seines Casino-Genossen Marx, hohe Intelligenz und unbändiger Wissensdurst auszeichneten. Also lud er ihn zu seinen Spaziergängen ein und rezitierte aus dem Kopf lange Passagen von Dante, Goethe, Homer und Shake-

5 Das Abitur-
zeugnis von
Karl Marx, 1835

speare. Für Karl Marx war die Begegnung mit Ludwig von
Westphalen so prägend, dass er später ebenfalls Shakespeare-
Szenen aufsagen konnte. Sein etwas »trockenes« Hauptwerk
›Das Kapital‹ lockerte er an vielen Stellen durch Zitate auf. So
schließt das Vorwort mit dem Dante-Motto: »Geh deinen Weg
und lass die Leute reden.« Für die Erklärung des Geheimnis-
ses der ursprünglichen Akkumulation zieht er ein Goethe-Zi-
tat heran. Im Londoner Exil betrieb die Familie Marx später
geradezu einen Shakespeare-Kult. Vom Londoner Kulturle-
ben bekam Marx nur wenig mit, aber wenn im Theater Shakespeare gegeben wurde, war er dabei. Als Zeichen der Wert-

schätzung oder Verehrung widmete Marx seine Dissertation später dem Geheimrat von Westphalen.

Das Verhältnis des Gymnasiasten zu seinen Trierer Mitschülern war dagegen eher durch eine Mischung aus Uninteressiertheit und Herablassung bestimmt. Die meisten waren einige Jahre älter und viele kamen vom Land und konnten das Gymnasium nur mit kirchlichen Stipendien besuchen. Marx sah auf diese »Bauernlümmel« und deren Berufsziel, das Priesteramt, mit Verachtung herab. Die Anforderungen an die Schüler waren – entgegen einer weitverbreiteten Ansicht – keineswegs niedriger als heute. Von den 32 Oberprimanern fielen zehn durch die Prüfung. In seinem Abituraufsatz im Fach Deutsch, »Betrachtungen eines Jünglings bei der Wahl eines Berufs«, bekennt sich Marx zum humanistischen Ideal der deutschen Aufklärung, Hauptlenker bei der Entscheidung müssten das Wohl der Menschheit und die eigene Vollendung sein.

Tatsächlich entschied sich Marx schlicht, den väterlichen Beruf zu ergreifen und Jura zu studieren. Das Reifezeugnis vom 24. September 1835 bescheinigte dem Abiturienten gute Anlagen, er zeige in den alten Sprachen, in Deutsch, in Geschichte und Mathematik einen befriedigenden Fleiß, in Französisch nur einen geringen, in Geografie sei er ziemlich bewandert.

Am Friedrich-Wilhelms-Gymnasium war es üblich, dass sich die Abiturienten beim Direktor und seinem Stellvertreter persönlich verabschiedeten. Doch Karl Marx wollte dem Reaktionär Loers seine Verachtung zeigen und verzichtete auf den Abschiedsbesuch. Seinem Vater war das so peinlich, dass er seinen Sohn mit Krankheit entschuldigte.

Wenn wir den Stand gewählt, in dem wir am meisten für die Menschheit wirken können, dann können uns die Lasten nicht niederbeugen, weil sie nur Opfer für alle sind … unser Glück gehört Millionen, unsere Taten leben still, aber ewig wirkend fort …
Karl Marx: Betrachtungen eines Jünglings bei der Wahl seines Berufs

Als Studienort wählte Heinrich Marx für seinen Sohn Karl die Stadt Bonn aus. Dort war die Rheinische Friedrich-Wilhelms-Universität im Jahr 1818 in der schlossähnlichen ehemaligen Sommerresidenz der kurfürstlichen Erzbischöfe von Köln gegründet worden. Die Stadt Bonn war mit etwa 18 000 Einwohnern damals nicht viel größer als Trier und die Universität mit ihren 700 Studenten nicht viel größer als das Trierer Gymnasium. Der Abschied von Trier wurde für Marx der Beginn einer Reise ohne Wiederkehr. Die Zeit der biedermeierlich behüteten Lebensverhältnisse war zu Ende. Und mit dem Studienbeginn setzte die Entfremdung vom Elternhaus ein. Zum Schluss interessierte sich Marx nur noch für das Erbe.

Von Bonn nach Köln:
Vom Studenten zum Journalisten

Der Student der Rechte und verhinderte Romantiker

An einem der ersten Tage des Monats Oktober 1835 musste die Familie Marx schon morgens um vier Uhr aufstehen, um den angehenden Studenten rechtzeitig noch vor Sonnenaufgang zur Dampferanlegestelle zu bringen. Die Fahrt bis Koblenz sollte 16 Stunden dauern, bevor es am folgenden Tag weiter nach Bonn ging. Dort fand er Unterkunft in einem Haus, in dem schon der zwei Jahre ältere Trierer Philosophiestudent Christian Heinrich Wienenbrügge wohnte.

Marx belegte in seinem Studieneifer gleich neun Vorlesungen. Darunter waren allerdings drei der Philosophischen Fakultät. Auf Anraten seines Vaters beschränkte er sich schließlich auf die Teilnahme an sechs Lehrveranstaltungen. Im Studienbuch wurde ihm fleißige und aufmerksame Teilnahme an allen sechs Kollegien testiert. Im folgenden Sommersemester belegte er nur noch vier Lehrveranstaltungen, denn seine Zeit wurde jetzt durch zwei andere Beschäftigungen erheblich in Anspruch genommen, das studentische Leben und die Dichtkunst. Marx wurde vom romantischen Zeitgeist erfasst. Dessen berühmtester wissenschaftlicher Vertreter in Bonn war Friedrich von Schlegel. Seine Vorlesungen, die mit dem Einzug livrierter Diener begannen, die die Wachskerzen neben dem Katheder zu entzünden hatten, galten als Kult. Marx besuchte nicht nur Schlegels Vorlesungen über Philosophie und Literatur, sondern versuchte sich auch selbst im Gedichteschreiben. In den teils Heine nachempfundenen Texten wurde kein romantisches Versatzstück ausgelassen, die schöne Natur, Flüsse im Mondenschein, verratene Liebe und zerbrechendes Glück. Landschaftsgeister, Elfen, Nixen, Schäfer und mittelalterliche Ritter gehören zu den besungenen Figuren. Marx war zeitweilig sogar Mitglied in einem Poetenklub, in dem auch der später von ihm attackierte Karl Grün, Adelbert von Chamisso und Bettina von Arnim verkehrten. In Berlin wurde er später in den Arnim'schen literarischen Salon eingeladen, und Bettina von Arnim bat ihn 1838 bei einem Aufenthalt in Bad Kreuznach um seine Begleitung bei ausgedehnten Wanderungen. Seinen seltenen Briefen nach Trier fügte er Proben seiner dichterischen Bemühungen bei. Auf die Bitten, doch den Druck seiner Gedichte zu finanzieren, reagierte sein Vater mit einer Mischung aus Verachtung und Besorgnis: »Ich sage es Dir unverhohlen, mich freuen innig Deine Anlagen, und ich verspreche mir viel davon, doch würde es mich jammern, Dich als gemeines Poetlein auftreten zu sehen.« Als warnendes Beispiel verwies er auf Gotthold Ephraim Lessing (1729–1781), der sich als Bibliothekar hatte durchschlagen müssen.

In Bonn genoss Karl Marx die schönen Seiten des Studentendaseins, das Verbindungsleben, und er gewöhnte sich an, stets mehr Geld auszugeben, als er besaß. Die national und liberal ausgerichteten Burschenschaften waren längst verboten worden. In Bonn dominierten die unpolitischen Lands-

Täuschung

Jüngst faßt ich einmal frischen Mut,
   Und schaut in meines Lebens Riß;
Doch sah ich in der tiefen Kluft
   Nur rabenschwarze Finsterniß.

Ich drücke gleich die Augen zu,
   Und sieh! Da glänzt es wunderbar
Ein liebes Sternlein unten auf,
   Wie Silber hell, wie Perle klar.

Und leise, leise blick ich auf,
   Da schimmerts ferne noch, ganz fern,
Und wie ich recht hinunterseh':

Ach meine Thräne war der Stern.
   Karl Marx: Volkslieder, zusammengestellt für Jenny 1839

6 Die Lands-
mannschaft
Trier, Bad Go-
desberg 1836,
3. v. r.: Karl Marx

mannschaften, eine davon war die Trierer Landsmannschaft,
die den Kommilitonen Karl sogar zu einem ihrer fünf Erst-
chargierten wählte. Eine Farblithografie des Studenten-
malers David Levy-Elkan aus dem Sommer 1836 zeigt die
Landsmannschaft bei einem Ausflug nach Bad Godesberg
vor dem Gasthof »Zum Weißen Roß«, Karl Marx ist mit ver-
wegener Frisur zu sehen. Das einzige Jugendbildnis von ihm
entstammt einer Ausschnittvergrößerung aus diesem Werk.
Aber auch außerhalb seiner Verbindung liebte der Student
ausgedehnte Zechtouren. Wegen Trunkenheit in der Öffentlichkeit wurde er vom Universitätsrichter zu einer Haft im
Karzer verurteilt, wo er studentischen Besuch empfangen
und mit diesem Bier trinken durfte. Zu den Gegnern der
Landsmannschaften gehörten die feudalen Korps, vor allem
das Korps Borussia. Bei einem mit Säbel ausgefochtenen
Duell mit einem Bonner Borussen, das Marx mit Bravour
bestand, zog er sich eine Verletzung über dem linken Auge
zu. In Köln wurde er allerdings von der Polizei gefasst, als er
sich anschickte, ein Duell mit Pistolen, die als verbotene Waffen galten, auszufechten. Nur durch eine Intervention seines

Vaters beim Kölner Untersuchungsrichter gelang es, die Einstellung des Verfahrens zu erreichen. Heinrich Marx war aus mehrerlei Gründen wenig erbaut vom Treiben seines Sohnes. Neben dem lockeren Studentenleben waren es die dichterischen Versuche und schließlich das Finanzgebaren des Sohnes. Der hatte schon vor Ablauf des ersten Semesters die mitgenommenen 160 Taler verbraucht und verlangte Nachzahlungen, ohne Rechenschaft darüber abzulegen, wofür er so unverhältnismäßig viel Geld brauchte. Heinrich Marx wollte jedoch die beste Ausbildung und die besten Studienbedingungen für seinen begabten Sohn und entschied, er solle das Studium in Berlin fortsetzen. Das Abgangszeugnis aus Bonn bescheinigt Karl Marx, »dass er sich als Studierender hier aufgehalten und der Rechtswissenschaft beflissen« habe, und vermerkt, dass er »einer Teilnahme an verbotener Verbindung unter Studierenden nicht verdächtig geworden« sei.

Im Banne der »grotesken Felsenmelodie«: Marx wird Junghegelianer

Die Berliner Friedrich-Wilhelms-Universität war 1810 in der Zeit der preußischen Reformen gegründet worden. Was der preußische Staat an äußerer Größe und Stärke verloren hatte, sollte durch innere Größe, Bildung und Selbstverwaltung wiedergewonnen werden. Im Jahre 1836 war die Berliner Universität mit etwa 2100 Studenten dreimal so groß wie die Bonner, und ihr hing der Ruf an, über die besten Gelehrten Preußens zu verfügen und eine Arbeitsuniversität zu sein. »An Trinkgelage, an Duelle, an gemeinschaftliche Fahrten ist hier nicht zu denken, auf keiner Universität herrscht wohl solch allgemeiner Fleiß, solcher Sinn für etwas Höheres als bloße Studentengeschichten«, hatte Ludwig Feuerbach einige Jahre zuvor über die Berliner Verhältnisse geschrieben, andere Universitäten seien wahre Kneipen »gegen das hiesige Arbeitshaus«. In Bonn mit seinen 12000 Einwohnern

hatten die Studenten noch Leben und Geist der Stadt mitge-
prägt. Berlin war in erster Linie Residenz- und Garnisons-
stadt, mit seinen etwa 350 000 Einwohnern nach Wien die
größte deutsche Stadt. Bedeutende Industriebetriebe gab es
noch nicht, die Firma Borsig gehörte mit 50 Arbeitern zu den
größeren.

Die Fahrt von Trier nach Berlin war Mitte Oktober 1836 für
den Studenten Marx ein beschwerliches Unternehmen. Eine
Eisenbahnlinie gab es noch nicht. Die Postkutsche benötigte
für die etwa 1000 Meilen lange Strecke etwas mehr als eine
Woche. Der Postweg führte von der preußischen Rheinprovinz durch das Großherzogtum Nassau und das Kurfürsten-
tum Hessen in die preußische Provinz Sachsen, dann durch
das Königreich Hannover und den Zwergstaat Anhalt-Bern-
burg in die Provinz Brandenburg. An jeder Grenze wurden
die Pässe kontrolliert und Chausseegeld kassiert. Nur die
Gepäckkontrolle war dank des gerade gegründeten Deutschen Zollvereins entfallen. Ankunftsplatz in Berlin war die
zentrale Posthalterei in der Königstraße. Vier Jahre dauerte
Marx' Studienaufenthalt in Berlin. Von den sieben Adressen,
die er während dieser Zeit hatte, ist nur noch das Haus Loui-
senstraße 60 erhalten geblieben, das 1953 mit einer Gedenk-
tafel versehen wurde. Marx mietete sich zuerst in einem
Haus in der Alten Leipziger Straße ein, in dem früher auch
Gotthold Ephraim Lessing gewohnt hatte.

Am 22. Oktober 1836 wurde Karl Marx unter der Nummer
973 an der juristischen Fakultät der Universität Berlin immat-
rikuliert. In den Universitätsakten sind die Formulare mit
seiner eigenhändigen Anmeldung und auch seine Abmel-
dung erhalten. Anders als in Bonn belegte Marx nur wenige
juristische Vorlesungen pro Semester, insgesamt neun. Das
Abgangszeugnis bescheinigt Anwesenheit und Mitarbeit als
»ausgezeichnet fleißig«, »vorzüglich fleißig«, »fleißig« und
»besucht«. Da Marx sich in den letzten Semestern auch für
Philosophie eingeschrieben hatte, ist das Zeugnis nach Rektor
und Universitätsrichter von den Dekanen beider Fakultäten
unterschrieben worden. So hörte er bei Professor Eduard

Gans, einem fortschrittlichen Hegel-Schüler, Kriminalrecht und Preußisches Landrecht. Gans ging in seinen Vorlesungen immer wieder auf aktuelle Fragen ein. »Morgen lassen wir die Revolution hochleben, dass es nur so kracht«, wusste sein Diener anzukündigen, gemeint war die Erinnerung an die Juli-Revolution in Frankreich von 1830, denn Gans war Anhänger der konstitutionellen Monarchie. Zeitweilig wurde er vom Lehramt suspendiert, bis der liberale Kultusminister von Altenstein seine Wiederzulassung verfügte. Das Gegenteil eines fortschrittlichen Gelehrten war Karl Friedrich von Savigny, Haupt der damals maßgeblichen antiaufklärerischen historischen Rechtsschule. Die wollte das geltende Recht aus der organischen Entwicklung herleiten. Eine der praktischen Folgen war zwar, dass es zu keiner Rechtsvereinheitlichung in Preußen nach 1815 kam, also das rückständige Allgemeine Landrecht von 1794 nur teilweise im Rheinland eingeführt wurde. Die Orientierung an der Vergangenheit enthielt aber im Kern eine Bestätigung der reaktionären Rechtsordnung und entsprach damit dem biedermeierlich-romantischen Zeitgeist. »Es erben sich Gesetz und Rechte wie eine ew'ge Krankheit fort«, heißt es in Goethes ›Faust‹. Bei Savigny hörte Marx Römisches Recht. Bei Heffter studierte er römisches und preußisches Prozessrecht. Im Gegensatz zu Bonn lag das Schwergewicht seines Jura-Studiums auf der Durcharbeitung der einschlägigen Fachliteratur. Dabei machte Marx es sich zur Gewohnheit, wichtige Passagen zu exzerpieren, eine Übung, die er sein Leben lang beibehielt. Etwa zwei Drittel des Marx-Nachlasses bestehen aus Exzerpten und Entwürfen. Zu den nicht überlieferten Arbeiten gehört der 300 Seiten oder Bogen umfassende Versuch einer Rechtsphilosophie aus dem Wintersemester 1836/37. Daneben verfasste er, wie schon in Bonn, romantische Gedichte, von denen zwei 1841 in der Zeitschrift ›Athenäum‹ veröffentlicht wurden. Eine Sammlung schickte er seinem Vater. Vor allem bedachte er seine Verlobte Jenny von Westphalen mit Gedichten. Das Verlöbnis war in den Semesterferien 1836 zustande gekommen und nicht ohne Probleme.

7 Jenny von Westphalen,
Porträtgemälde um 1840

Jenny war schon anderweitig versprochen, sie war vier Jahre
älter als ihr neuer Verlobter, und der hatte noch keine gesi-
cherte Existenz in Aussicht. Daher wurde die Verlobung vor
den Familien zunächst geheim gehalten. Zuerst offenbarte
sich Karl seinem Vater, der dann zeitweilig auch »Botendiens-
te« verrichtete, bis er den Vater der Verlobten ins Bild setzte
und die Familie Westphalen den Wunsch der Tochter akzep-
tierte. Heinrich Marx sparte nicht an kritischen Anmerkun-
gen zu den dichterischen Bemühungen seines Sohnes und
hielt ihm vor, dass er beim Studium auch an das Schicksal
seiner Verlobten denken müsse. Sohn Karl focht das kaum
an. Nächtelang las, exzerpierte und dichtete er. Folge der
Überarbeitung und Erschöpfung war am Ende des Winter-
semesters 1837 ein körperlicher Zusammenbruch. Ein Arzt
empfahl dem Studenten, seinen Tagesablauf radikal zu ändern und Erholung bei einem Landaufenthalt zu suchen.
Marx mietete sich in Stralau, Haus Nr. 11 (heute Alt-Stralau
Nr. 25) ein. Stralau war damals ein idyllisches, auf einer Halb-
insel am rechten Spreeufer gelegenes 90-Seelen-Dorf vor den
Toren Berlins, von wo man in einer Stunde auf einem befestigten Weg am Fluss entlang ins Stadtzentrum kam. Karl
Marx ging nur zu den Lehrveranstaltungen in die Stadt und
hielt sich den ganzen Sommer im Grünen auf. Er rühmte im

8 Karl Marx als Student,
Zeichnung von I. Grinstjena

Rückblick, dass er hier von einem »bleichsüchtigen Schwächling zu einer robusten Festigkeit des Körpers« herangereift sei.

In Stralau kam es im Sommer 1837 zu einer geradezu schicksalhaften Begegnung, die für Karl Marx' künftigen Werdegang maßgeblich war, nämlich zunächst Philosophie-Professor zu werden und später Journalist.

In der Stralauer Gastwirtschaft »Lindenpark« traf sich Marx mit Freunden und geriet dort in einen Debattierzirkel von meist etwas älteren Akademikern, die das Studium bereits beendet hatten, Schauspielern und Schriftstellern, den sogenannten Doktorclub. Diese lockere Runde führte in einer Berliner Kneipe in der Französischen Straße eine Art Salon, in dem über Philosophie, Literatur und Theater diskutiert wurde. Schauspieler rezitierten Shakespeare und Goethe. Anführer in Berlin war der Theologiedozent Bruno Bauer, dazu gehörten Marx' Professor Eduard Gans, der Geschichtslehrer Karl Friedrich Köppen und der Dozent an der Königlichen Kadettenanstalt Dr. Adolf Rutenberg. Ihn bezeichnete Marx als seinen engsten Berliner Freund. Das verbindende geistige Band war das Bekenntnis zum Junghegelianismus. Marx war beim Studium des positiven Rechts auf die Philosophie gestoßen und entdeckte, angeregt von den Linkshegelianern, Hegel für sich. Bei seinen Versuchen zur theoretischen Erfassung des geltenden Rechts und der Abfassung einer Rechtsphilosophie hatte Marx mit Hegel, von dem er nur wenig gelesen hatte, nicht viel anfangen können. »Die groteske Felsenmelodie behagte mir nicht«, schrieb er, obwohl das Denken Hegels auch nach dessen Tode im Jahr 1831 immer noch die philosophische Szene Berlins bestimmte. Die Welt bildet nach Hegel ein einheitliches Ganzes, das sich ständig entwickelt und vom Niederen zum Höheren aufsteigt. Diese Entwicklung vollzieht sich dialektisch, innere Widersprüche werden durch Kampf überwunden, sodass sich ein Übergang zu einer neuen Stufe herausbildet, bis wieder neue Widersprüche entstehen (These-Antithese-Synthese). Das Entscheidende sei die Entwicklung des Geistes, die Realität sekundär. Alles, was wirklich ist, ist auch vernünftig, lehrte Hegel. Auf die Rückfrage seines Studenten Heinrich Heine hatte er versichert, dass natürlich alles Vernünftige Wirklichkeit werden müsse. Vernünftig sei nur, so lautete eine Einschränkung, was auch notwendig für den Fortschritt sei, das Streben nach dem absoluten Geist. Dazu gehörten auch die Französische Revolution und die Feldzüge Napoleons, der von Hegel als »Weltgeist zu Pferde« bezeichnet wurde. In der Welt geschehe nichts Großes ohne Leidenschaft, heißt es in Hegels Philosophie der Geschichte. Marx folgerte daraus, dass sich große Veränderungen nur durch Revolutionen vollzögen. In der Einleitung zur Philosophie des Rechts äußert sich Hegel skeptisch zur Erkennbarkeit der zukünftigen Entwicklung: »Wenn die Philosophie ihr Grau in Grau malt, dann ist eine Gestalt des Lebens alt geworden, und mit Grau in Grau lässt sich nichts verjüngen, sondern nur erkennen; die Eule der Minerva beginnt erst mit der einbrechenden Dämmerung ihren Flug.« Das war eine der wichtigen Thesen Hegels, die zum festen Bestandteil von Marx' Weltbild wurden.

Am 7. November 1837 schrieb Marx einen zehnseitigen Brief an seinen Vater, in dem er den Fortgang seines Studiums in Berlin, seine Ausflüge ins Reich der Literatur erläu-

9 Georg Wilhelm Friedrich Hegel,
Porträt von Jakob Schlesinger, 1831

tert und auch seine Sehnsucht nach seiner Verlobten Jenny
beteuert. Den Vater dürfte vor allem die Passage interessiert
haben, in der er von seiner Karriereplanung spricht: »Was
nun die Frage hinsichtlich der kameralistischen Karriere be-
trifft, mein teurer Vater, so habe ich kürzlich die Bekanntschaft eines Assessors Schmidthänner gemacht, der mir geraten, nach dem dritten juristischen Examen als Justitiarius
dazu überzugehen, was mir umso eher zusagen würde, als
ich wirklich die Jurisprudenz aller Verwaltungswissenschaft
vorziehe. Dieser Herr sagte mir, dass vom Münsterschen
Oberlandesgericht in Westfalen er selber und viele andere in
drei Jahren es bis zum Assessor gebracht, was nicht schwer
sei, es versteht sich bei vielen Arbeiten, da hier die Stadien
nicht wie in Berlin und anderswo fest bestimmt sind. Wenn
man später als Assessor promoviert zum Dr., sind auch viel
leichter Aussichten vorhanden, sogleich als außerordent-
licher Professor eintreten zu können ...« Der Brief schließt
mit der Ankündigung eines Überraschungsbesuchs in Trier,
um die Mutter etwas aufzuheitern. Dem Brief ist der Auszug
aus seinem Tagebuch mit dem Titel »Besuch« beigefaltet.
Der konkrete Anlass für den langen Brief waren die Geldsorgen des Studenten. Er hatte die für das Jahr 1837 vorgesehe-

nen 700 Taler aufgebraucht und bereits eine Anweisung auf seinen Vater in Höhe von weiteren 160 Talern ausgestellt. Der Vater hält ihm denn auch in der Antwort vom 9. Dezember 1837 vor, dass die Reichsten mit 500 Talern auskämen, gleichwohl habe er die Anweisung akzeptiert. Die Hauptsorge des Vaters ist, dass der Sohn über seine Selbstfindungsprobleme die Vorbereitung auf das juristische Examen vernachlässigt, »denn bei dem Examen sitzen Menschen, sitzen Professoren, Pedanten und zuweilen rachsüchtige Bösewichte, die gerade einen Selbständigen gerne beschämen«. Dann hält er dem Sohn vor: »Ordnungslosigkeit, dumpfes Herumschweben in allen Teilen des Wissens, dumpfes Brüten bei der düsteren Öllampe; Verwilderung im gelehrten Schlafrock und ungekämmte Haare statt Verwilderung bei dem Bierglase; zurückscheuchende Ungeselligkeit mit Hintansetzung alles Anstandes und selbst aller Rücksicht auf den Vater … Und hier in dieser Werkstätte unsinniger und unzweckmäßiger Gelehrsamkeit sollen die Früchte reifen, die Dich und Deine Geliebten erquicken, die Ernte gesammelt werden, die dazu diene, heilige Verpflichtungen zu erfüllen!?« Den angekündigten Überraschungsbesuch könne er sich sparen, vielleicht könne er ja in den Osterferien 14 Tage früher kommen, »trotz meines gegenwärtigen Epistels kannst Du versichert sein, dass ich Dich mit offenen Armen empfange und ein väterliches Herz Dir entgegenschlägt, das eigentlich nur an Überreiz kränkelt«. Die Sorge des Vaters hatte wohl auch damit zu tun, dass er krank war und hoffte, seinen Sohn noch zu Lebzeiten in einer gesicherten beruflichen Position zu erleben. Am 10. Mai 1838 starb Heinrich Marx. Sohn Karl war weder zu Ostern in Trier noch bei der Beerdigung. Er hatte sich inzwischen von einer juristischen Laufbahn geistig verabschiedet und ganz auf das Studium der Philosophie verlegt. Sein Doktorclub-Freund Bruno Bauer bestärkte ihn in der Absicht, sein Jura-Studium abzubrechen und eine akademische Karriere im Fach Philosophie anzustreben: »Beendige doch endlich Dein Zaudern und Deine saumselige Behandlung eines Unsinns und einer Farce, wie das Examen

10 Bruno Bauer, auf einem »Strauss« reitend, treibt die Symbole der vier Evangelisten – Löwe, Adler, Engel und Stier – in den »Feuerbach«, ca. 1840

ist.« Sein Dissertationsthema »Differenz der demokritischen und epikureischen Naturphilosophie« hat sich Marx wahrscheinlich in Absprache mit Bauer ausgewählt, der – wie auch andere Junghegelianer – ein ausgeprägtes Interesse für die nacharistotelische griechische Philosophie hatte. Die Philosophie, schreibt Marx, werde ihren Gegnern stets mit Epikur zurufen: »Gottlos ist nicht der, welcher mit den Göttern der Menge aufräumt, sondern der, welcher die Vorstellungen der Menge den Göttern andichtet.« Prometheus, seine Lieblingsgestalt aus der antiken Mythologie, zitiert er mit dem Satz: »Mit einem Wort, ganz hass' ich all' und jeden Gott.« Dieses Selbstbewusstsein ist ein zentrales Thema der Dissertation. Demokrit sehe die Welt als von unabänderlichen mechanischen Gesetzen bestimmt an. Epikur stelle Demokrit dagegen eine Welt der beseelten Natur entgegen, in der der menschliche Wille bestimmt. Die Autonomie des Geistes befreie den Menschen von allem Aberglauben an Transzendentes. Deshalb sei Epikur der eigentliche Aufklärer des Altertums.

Die Junghegelianer besaßen ein ausgeprägtes Krisenbewusstsein, sie glaubten an der Schwelle zu einer neuen aufgeklärten Zeit zu stehen. Doch das Gegenteil war der Fall. Der von Marx so geschätzte Privatdozent Bauer war inzwischen von Kultusminister Altenstein nach Bonn versetzt worden, wohl um ihn etwas aus der Schusslinie zu nehmen. Der Wechsel an der Spitze Preußens von König Friedrich Wilhelm III. zu Friedrich Wilhelm IV. im Jahr 1840 bedeutete eine Verschärfung des reaktionären Kurses. Nachfolger des überraschend verstorbenen Eduard Gans wurde der erzkonservative Friedrich Julius Stahl, der sich mit der theoretischen Überhöhung des monarchischen Prinzips hervortat. Marx hatte jetzt keine Bezugsperson mehr an der Berliner Universität. Daher entschied er sich, wohl angeregt durch einen ihm wohlgesonnenen Professor als Mittelsperson, von der Möglichkeit der »Fernpromotion« Gebrauch zu machen, die die Universität Jena damals bot. Man hatte die Arbeit nur an die zuständige Fakultät einzusenden, die Gebühr zu bezahlen und erhielt dann ohne mündliche Prüfung das Doktordiplom zugesandt. Um kein Risiko einzugehen, hatte sich Marx aber bei Professor Wolf, einem Heine-Verehrer, empfehlen lassen. Jedenfalls reichte Marx seine Arbeit mit dem Abgangszeugnis der Universität Berlin vom 30. März 1841

Du wirst Dich freuen, hier einen Mann kennenzulernen, der jetzt auch zu unseren Freunden gehört, obgleich er in Bonn lebt, wo er bald dozieren wird (…) Du kannst Dich darauf gefaßt machen, den größten, vielleicht den einzigen jetzt lebenden eigentlichen Philosophen kennenzulernen, der nächstens die Augen Deutschlands auf sich ziehen wird. Dr. Marx, so heißt mein Abgott, ist noch ein ganz junger Mann (etwa höchstens 24 Jahre alt), der der mittelalterlichen Religion und Politik den letzten Stoß versetzen wird; er verbindet mit dem tiefsten philosophischen Ernst den schneidendsten Witz; denke Dir Rousseau, Voltaire, Holbach, Lessing, Heine und Hegel in einer Person vereinigt, ich sage vereinigt, nicht zusammengeschmissen – so hast Du Dr. Marx.
Der Schriftsteller Moses Hess an Berthold Auerbach, September 1841.
In: Hess-Briefe, s' Gravenhage 1959

und einem Begleitschreiben an den Dekan der Philosophischen Fakultät Professor Bachmann und den Fachvertreter Professor Wolf ein mit der Bitte, das Verfahren doch möglichst zu beschleunigen, da er nur noch wenige Wochen in Berlin bleiben könne und vorher das Promotionsverfahren abschließen möchte. Vermutlich war wieder einmal sein Geld alle. Schon kurz darauf erhielt Marx seine Promotionsurkunde zugestellt und lebte in den Folgemonaten abwechselnd in Trier, Bonn und Köln. Er plante, seine Dissertation zu einer größeren Arbeit über die Geschichte der griechischen Philosophie auszubauen, die er in Bonn als Habilitationsschrift vorlegen wollte. Für die von Arnold Ruge in Dresden verlegten ›Deutschen Jahrbücher‹ schrieb er den Aufsatz ›Bemerkungen über die neueste preußische Zensurinstruktion‹. Es wurde eine treffsichere polemische Abrechnung mit dem despotischen Ungeist des reaktionären Zensurwesens. Prompt verbot der sächsische Zensor die Veröffentlichung, und der Text konnte erst 1843 in dem in der Schweiz veröffentlichten Band ›Anekdota‹ unter dem Pseudonym »Von einem Rheinländer« erscheinen. Marx hatte schon große Pläne. Nach seiner Habilitationsschrift über griechische Philosophie wollte er mit Bauer eine Zeitschrift »Archiv für Atheismus« herausgeben. Er arbeitete auch an dessen Pamphlet ›Die Posaune des jüngsten Gerichts über Hegel, den Atheisten und Antichristen‹ mit, das anonym erscheinen sollte. Die Schrift gab vor, Hegel als gefährlichen Feind des christlichen Staates zu entlarven, war aber in Wirklichkeit ein Plädoyer für eine revolutionäre Hegel-Interpretation. Seinen Optimismus, ungestört in Bonn mit Marx wirken zu können, zog Bauer aus dem Umstand, dass es an der Bonner Universität je eine Fakultät für evangelische und für katholische Theologie gab. Der preußische Staat hatte diese Doppellösung geschaffen, um damit zur Versöhnung der Konfessionen beizutragen. Tatsächlich waren die Fakultäten untereinander verfeindet. Doch im »Fall Bauer« überwanden sie ihre Differenzen und agitierten gemeinsam, Hilfsdienste leisteten pietistische Theologiestudenten mit lauten Protesten gegen

Lehrveranstaltungen des »gottlosen« Privatdozenten. Der neue reaktionäre preußische Kultusminister von Eichhorn fragte in Bonn an, ob man dem Dozenten nicht einfach die Lehrerlaubnis entziehen könne. Wegen des Grundsatzes der Lehrfreiheit war das aber nicht möglich. Doch dann bot sich ein willkommener Anlass. Auf einem Festbankett in Berlin zu Ehren des Liberalen Karl Theodor Welcker, des Mitherausgebers des ›Staatslexikons‹, hatte Bauer einen Vergleich zwischen dem verwaschenen Liberalismus der süddeutschen Liberalen und der Hegelschen Auffassung von einem vernünftigen Staat gezogen. Der Fall wurde vom Innenminister aufgegriffen, König Friedrich Wilhelm IV. vorgetragen, und dann beschloss das Kabinett, Bauer dürfe unmöglich weiter Privatdozent bleiben. Die Universität Bonn fügte sich und entzog ihm im Mai 1842 die Lehrbefugnis. Bauer kehrte nach Berlin zurück und versuchte vergeblich, vor Gericht eine Revision der Entscheidung zu erzielen. Damit war auch für dessen Habilitationskandidaten Karl Marx die Aussicht auf eine akademische Karriere dahin. Doch für den hatte sich seit Anfang des Jahres ein neues Betätigungsfeld ergeben, die Mitarbeit an der ›Rheinischen Zeitung‹.

Die Religion ist der Seufzer der bedrängten Kreatur, das Gemüt einer herzlosen Welt, wie sie der Geist geistloser Zustände ist. Sie ist das Opium des Volkes.
Karl Marx: Zur Kritik der Hegelschen Rechtsphilosophie 1844

Der Marxismus ist durchaus eine Religion, im unreinsten Sinn dieses Wortes. Er hat insbesondere mit allen Formen der niederen Religiosität die Tatsache gemeinsam, dass er, nach dem zutreffenden Wort von Marx, unaufhörlich wie ein Opium des Volkes angewandt worden ist.
Simone Weil, zit. nach Raymond Aron: Opium für Intellektuelle, Köln 1957

Im Kampf für die Pressefreiheit und die armen Moselbauern

In der Stadt Köln, dem geistigen Mittelpunkt der Rheinprovinz, hatte sich ein Kreis von liberalen Fabrikanten, Ärzten und Rechtsanwälten zusammengefunden, um eine liberale Tageszeitung herauszugeben. Dafür war nach den Zensurbestimmungen eine Lizenz der preußischen Regierung erforderlich, aber neue Lizenzen wurden grundsätzlich nicht vergeben. Da traf es sich gut, dass auch die konservative Regierung in Berlin daran interessiert war, ein Gegengewicht zu der als ultramontan apostrophierten ›Kölnischen Zeitung‹ zu schaffen. Das von Berlin 1841 lancierte Blatt ›Rheinische Allgemeine Zeitung‹ hatte wenig Anklang gefunden. Daher stimmte die Regierung der Übernahme des Blattes mit der vorläufigen Lizenz durch den Kölner Gründerkreis zu. Einer der Gründer war der Jurist Georg Jung, er stammte aus einer reichen holländischen Familie, war mit der Tochter eines Kölner Bankiers verheiratet und gehörte zu den Junghegelianern. Seit 1841 war er mit Karl Marx befreundet, der bei den Kölnern als philosophisch gebildeter Debattierer über großes Ansehen verfügte. Jung bat ihn um einen Vorschlag für den Posten des Chefredakteurs. Marx empfahl seinen Freund aus Stralauer Tagen, Artur Rutenberg, und prompt erhielt der Berliner den Posten. Von Bruno Bauer kam der Rat an Marx, eher an der ›Rheinischen Zeitung‹ als an Ruges ›Deutschen Jahrbüchern‹ mitzuarbeiten. Zu einer festen beruflichen Tätigkeit war Marx auch durch die Verhältnisse gezwungen, nachdem sich die akademischen Pläne zerschlagen hatten. Als er im Sommer 1842 für ein Vierteljahr nach Trier fuhr, um dort den todkranken Vater seiner Verlobten aufzusuchen und an dessen Beerdigung teilzunehmen, kam es zum Bruch mit der Mutter. Sie drehte ihrem Sohn Karl endgültig den Geldhahn zu, der daraufhin aus Protest das elterliche Haus verließ und in eine Gastwirtschaft zog, um noch an der Hochzeit seiner Schwester Sophie teilnehmen zu können.

Die erste Arbeit, die von Marx in der ›Rheinischen Zeitung‹ Anfang Mai 1842 veröffentlicht wurde, war eine fünfteilige Serie ›Debatten über Pressefreiheit‹. Es ist eine Fortsetzung der von der Zensur verbotenen und erst ein Jahr später in der Schweiz veröffentlichten Auseinandersetzung mit der Zensurinstruktion. Marx plädiert für die Pressefreiheit und polemisiert heftig gegen die Zensur. Eine der Grundsentenzen lautet: »Die erste Freiheit der Presse besteht darin, kein Gewerbe zu sein.« Die Artikel konnten nur erscheinen, weil sie nicht direkt gegen den Staat gerichtet waren, sondern gegen die Argumente, die von den meist reaktionären Abgeordneten vorgebracht worden waren. Das Bekenntnis zur Pressefreiheit ohne jede Einschränkung etwa zugunsten der revolutionären Partei zieht sich wie ein roter Faden auch durch das spätere Werk von Karl Marx. Es gehört zu den Kuriositäten der Publikationspolitik, dass der große Aufsatz gegen die Zensur und die Artikel über die Pressefreiheit-Debatten in Band 1 der Werkausgabe von Marx und Engels in der DDR ausgerechnet im Jahre 1956 erschienen, in dem die Meinungsfreiheit nach dem Ungarn-Aufstand in der DDR rigoros unterdrückt wurde. Mit seinem zweiten Beitrag über ›Das philosophische Manifest der his-

Wie in dem Weltsystem jeder einzelne Planet sich nur um die Sonne bewegt, indem er sich um sich selbst bewegt, so kreiset in dem System der Freiheit jede ihrer Welten nur um die Zentralsonne der Freiheit, indem sie um sich selbst kreiset. Die Preßfreiheit zu einer Klasse der Gewerbefreiheit machen, ist sie verteidigen, indem man sie vor der Verteidigung totschlägt; denn, hebe ich die Freiheit eines Charakters nicht auf, wenn ich verlange, er solle in der Weise eines anderen Charakters frei sein? Deine Freiheit ist nicht meine Freiheit, ruft die Presse dem Gewerbe zu. Wie du den Gesetzen deiner Sphäre, so will ich den Gesetzen meiner Sphäre gehorchen. In deiner Weise frei zu sein, ist mir identisch mit der Unfreiheit, wie der Tischler sich schwerlich erbaut fühlen wurde, wenn er Freiheit seines Gewerbes verlangte und man gäbe ihm als Äquivalent die Freiheit des Philosophen.
Karl Marx: Debatten über Preßfreiheit, 1842

torischen Rechtsschule‹ begab sich Marx auf das ihm ver-
traute Gebiet der Rechtswissenschaft. Er attackierte das in
vierter Auflage 1819 erschienene Zivilrechtslehrbuch des
Göttinger Professors Gustav Hugo. Der Artikel bekam dadurch eine aktuelle Spitze, dass er sich gegen die Politik seines früheren Lehrers Savigny richtete, der gerade zum Minister für die Reform der Gesetzgebung ernannt worden war
und eine Festschrift für Hugo herausgegeben hatte. Die
›Rheinische Zeitung‹ erinnerte wiederholt an das uneinge-
löste Verfassungsversprechen des preußischen Königs von
1815. Friedrich Wilhelm IV. wurde mit dem Satz berühmt:
»Zwischen mich und mein Volk soll sich kein Blatt Papier
drängen.« Die Absicht der preußischen Regierung, die in der
französischen Zeit im Rheinland eingeführte Gleichheit von
Stadt- und Landgemeinden wieder zu beseitigen, forderte
Marx zu einer Verteidigung der Rechtsfreiheit heraus, verbunden mit Attacken gegen die ›Kölnische Zeitung‹, die in
der Gleichheitsforderung »kommunistische Träumereien«
geargwöhnt hatte. Auch in der Artikelfolge ›Debatten über
das Holzdiebstahlgesetz‹ ging es wieder um Fragen der Gesetzgebung, die im Landtag debattiert wurden. Seit alters
her bestand das Gewohnheitsrecht, trockene Äste im Wald
als Brennholz einzusammeln. Strafbar war nur der Diebstahl
bereits geschlagenen und aufgeschichteten Holzes oder Forst-
frevel an noch grünen Ästen. Diesen Rechtszustand wollten
die reaktionären Großgrundbesitzer ändern, indem sie das
Holzsammeln verbieten und neue Tatbestände für Holz-
diebstahl schaffen wollten. Marx meinte später, erst bei der
›Rheinischen Zeitung‹ habe er gelernt, über materielle Interessen zu schreiben, und die Wichtigkeit ökonomischer
Fragen erfahren. Noch mehr ökonomische Recherchen verlangte eine Serie über die Notlage der Moselbauern. Sie litten unter den Folgen einer Absatzkrise, weil durch den Ab-
bau der Binnenzölle durch den Deutschen Zollverein ihre
Weine von anderen Sorten verdrängt wurden, etwa badi-
schem und sogar schlesischem Wein. Der Oberpräsident als
mittlere Zensurbehörde beanstandete zwei Artikel eines Kor-

respondenten der ›Rheinischen Zeitung‹ und verlangte konkrete Angaben über die Orte, an denen die Notlage eingetreten sei. Marx machte sich daran, aus dem vorliegenden
Material eine Artikelfolge zu schreiben, ein frühes Stück
Wirtschafts- und Sozialgeschichte. Der Zensur gefiel das gar
nicht, und so wurden die letzten beiden Artikel einfach gestrichen. Die Hoffnungen der Regierung, die Zeitung werde
einen gemäßigt regierungsfreundlichen Ton anschlagen und
zur Integration der Rheinprovinz in den preußischen Staat
beitragen, hatten sich nicht erfüllt.

Tatsächlich war Marx die bestimmende Kraft der ›Rheinischen Zeitung‹, unter seiner Regie stieg die auf 885 Exemplare gesunkene Verkaufsauflage binnen weniger Wochen
auf 1882. Von seinen Mitarbeitern verlangte er weniger groß-
klingende Phrasen oder vages Räsonnement, sondern »mehr
Bestimmtheit, mehr Eingehen auf die konkreten Zustände,
mehr Sachkenntnis«. Er fuhr einen kritisch-liberalen Kurs.
Als der Zeitung vorgeworfen wurde, kommunistische Ideen
zu verbreiten, wies Marx das ausdrücklich zurück. Er ver-
wahrte sich auch dagegen, dass von den Berliner »Freien« in
Literatur- und Theaterrezensionen schwärmerisch-kommu-
nistische Gedanken einflossen. Den Unmut Marx' bekam
auch der freie Mitarbeiter Friedrich Engels zu spüren, der
während seiner Militärdienstzeit in Berlin zu den »Freien«
gestoßen war und jetzt auf der Rückreise ins heimische Barmen einen Abstecher nach Köln machte.

Der Fabrikantensohn Engels, zwei Jahre jünger als Marx,
hatte das Gymnasium ein Jahr vor dem Abitur verlassen und
zunächst in Bremen eine kaufmännische Lehre absolviert. Er
sollte nach dem Wunsch seines Vaters in Manchester im
Zweigbetrieb der Baumwollspinnerei Ermen und Engels ar-

Materielle Gewalt muss gestürzt werden durch materielle Gewalt, allein auch die Theorie kann zur materiellen Gewalt werden, wenn sie die Massen ergreift.
Karl Marx: Zur Kritik der Hegelschen Rechtsphilosophie, 1844

11 Marx als
gefesselter
Prometheus, der
preußische Adler
hackt ihm die
Leber aus.
Allegorie auf das
Verbot der ›Rhei-
nischen Zeitung‹,
1843

beiten. Die Vorstellung des Sohnes war, den Posten in Manchester zu Studien über die Lage der Arbeiter und die Entwicklung des Sozialismus in England zu nutzen. Engels hatte bis dato mehr veröffentlicht und war kommunistischen
Ideen näher als Marx. Dessen Hauptsorge war, die Existenz
der Zeitung nicht leichtfertig aufs Spiel zu setzen. Andererseits wollte er aber auch im Kleinkrieg mit der Zensur bestehen. Als er erfahren hatte, dass der Zensor nebst Gattin an
einem Abend zu einem großen vom Oberpräsidenten gegebenen Ball gehen wollte, beendete er die Redaktionsarbeit
vorzeitig, sodass die Bediensteten des Zensors nur vermel-
den konnten, die Druckerei sei geschlossen. Nun fuhr der
Zensor persönlich zu vorgerückter Stunde zu Marx' Privat-
wohnung und klingelte heftig. Als Marx das Fenster im drit-

ten Stock öffnete, brüllte der Zensor: »Die Abzüge!« Marx'
lakonische Antwort: »Gibt's nicht. Wir lassen morgen kein
Blatt erscheinen!«

Marx kam zugute, dass der Oberpräsident zwar an einer
scharfen Zensur interessiert war, aber ein direktes Verbot der
Zeitung wegen der damit verbundenen negativen Publizität
fürchtete. So verlangte er die unverzügliche Entlassung des
Redakteurs Rutenberg wegen eines missliebigen Artikels.
Marx erwiderte in seinem Antwortschreiben, Rutenberg sei
keineswegs Redakteur, sondern nur als Übersetzer für die
Zeitung tätig. Gleichwohl habe er ihn einstweilen von jeder
Mitarbeit an der Zeitung ausgeschlossen. Dann bestritt er,
dass es eine Rechtsgrundlage für das Verlangen gebe, und
ersuchte »Ew. Hochwohlgeboren um Namhaftmachung einer
solchen Bestimmung«. Am Schluss versicherte er, dass es
ihm keineswegs darum gehe, französische oberflächliche
Ideen zu verbreiten, er wolle vielmehr den preußischen Weg
des Fortschritts vertreten und einen deutschen Liberalismus,
»der der Regierung Friedrich Wilhelms IV. gewiss nicht un-
angenehm sein kann«. Das Aus für das Blatt kam schließlich
aus dem fernen St. Petersburg. Bei einem Hofball fuhr Zar
Nikolaus I. den preußischen Gesandten wegen einer »Infa-
mie« der preußischen Presse an. Gemeint war ein polemi-
scher Artikel in der ›Rheinischen Zeitung‹ vom 4. Januar
1843, der die Abhängigkeit Preußens von Russland anpran-
gerte. Am 19. Januar beschloss die preußische Regierung
unter Vorsitz des Königs, der Zeitung ab 1. April 1843 die Lizenz zu entziehen. Das ministerielle Edikt wurde am 21. Januar von einem Boten übergeben. Für die Restzeit wurde ein
zweiter Zensor eingesetzt. Marx schied vorzeitig aus der
Redaktion aus, nachdem ihm auf einer Aktionärsversamm-
lung vorgeworfen wurde, das Verbot provoziert zu haben,
bewirkte damit aber keinen Sinneswandel in Berlin. Im Jahre
1860 bekannte Marx stolz, ein Stück Pressegeschichte geschrieben zu haben, die ›Rheinische Zeitung‹ habe die Macht
der Zensur in Preußen gebrochen.

Zu neuen Ufern: Heirat und Entscheidung für Paris

Noch unter dem unmittelbaren Eindruck des Verbots klagte Marx in einem Brief an Ruge, der zu den Mitarbeitern der Zeitung gehört hatte:»Ich bin der Heuchelei, der Dummheit, der rohen Autorität und unseres Schmiegens, Biegens, Rückendrehens und Wortklauberei müde geworden. Also die Regierung hat mich in Freiheit gesetzt.« Ruge, dessen in Sachsen verlegte ›Deutsche Jahrbücher‹ in Preußen verboten waren, hatte einen großen Plan, er wollte ins Exil gehen und in Paris ›Deutsch-Französische Jahrbücher‹ herausgeben. Als Mitherausgeber wollte er Marx gewinnen. Für Marx war das Angebot verlockend, denn er sah für sich in Deutschland keine Wirkungsmöglichkeit und brauchte unbedingt eine bezahlte Beschäftigung. Denn seit sieben Jahren war er verlobt, und es galt als ausgemacht, dass erst bei gesichertem ständigem Einkommen geheiratet werden sollte. Für Jennys reaktionären Bruder Ferdinand war die Heirat mit einem Juden per se anstößig, aber mit einem umstürzlerischen und dazu noch arbeitslosen Juden eine Unmöglichkeit. Nachdem der Vertrag mit Ruge geschlossen war, der Marx ein Jahreseinkommen von 800 Talern sicherte, davon »250 Taler Courant Redaktionsanteil« und mindestens »250 Taler an Schriftstellerhonorar«, war auch das Einkommenshindernis beseitigt. Um die Familie von Westphalen darüber hinaus zu beruhigen, schlossen »Herr Carl Marx, Doctor der Philosophie, wohnhaft in Cöln und Fräulein Bertha Julia Jenny von Westphalen, ohne Geschäft, wohnhaft in Kreuznach« einen Ehevertrag, der neben dem gesetzlichen Güterstand für die Zukunft vorsah, dass jede Seite für die aus der Vergangenheit herrührenden Schulden selbst aufzukommen habe. Der verstorbene Vater Ludwig von Westphalen hatte sich verspekuliert, sodass Jennys Mutter Caroline ohne wirkliches Vermögen dastand. Sie hatte in die Ehe eingewilligt, um aber der Kritik des Stiefsohnes, der bei der Regierung in Trier angestellt war, zu entgehen und dem Gerede in der Stadt auszuweichen, hatte sie vorübergehend ein Ausweichquartier

in Bad Kreuznach angemietet. Hier fand am 19. Juni 1843 im
kleinsten Kreise mit ein paar Freunden erst die standesamt-
liche und dann die kirchliche Trauung in der Kreuznacher
Pauluskirche statt. Das Hochzeitsgeschenk der Mutter waren eine silberne Schmuckgarnitur und ein Silberteller mit
dem Familienwappen der schottischen Vorfahren, der Ar-
gylls. Dazu eine Schatulle mit Bargeld für die ersten Monate
der Ehe. Doch das junge Paar gab das meiste Geld schon auf
der Hochzeitsreise rheinaufwärts nach Schaffhausen unbe-
schwert aus. In den Monaten bis zur Abreise der Eheleute
nach Paris gewährte die Brautmutter ihnen großzügig freien
Aufenthalt in dem angemieteten Haus. Abends ging man an
der Nahe spazieren oder genoss die Annehmlichkeiten des
Kurorts. Den Tag verbrachte Marx in seinem Arbeitszimmer
und machte Exzerpte aus einem Berg von Büchern, vor allem
über die Französische Revolution. Das sei eine etwas unge-
wöhnliche Art, Flitterwochen zu verbringen, bemerkt einer
seiner Biografen. Die sogenannten Kreuznacher Exzerpte
umfassen in der Gesamtausgabe der Schriften von Marx und
Engels 270 Druckseiten. Mit besonderem Eifer studierte er
Ludwig Feuerbachs ›Vorläufige Thesen zur Reformation der
Philosophie‹, die in dem in der Schweiz von Arnold Ruge
herausgegebenen Essayband ›Anekdota zur neuesten deutschen Philosophie und Publizistik‹ erschienen waren, in dem
auch sein Zensuraufsatz enthalten ist. Schon im Vorjahr hatte
Marx begeistert Feuerbachs Hauptwerk ›Das Wesen des
Christentums‹ gelesen. Feuerbach kritisierte die grundlegenden Dogmen des Christentums und wies nach, dass sie alle
irdischen Ursprungs seien. Er bestritt die Existenz Gottes und
der Unsterblichkeit und stellte eine allgemeine Bestimmtheit
des Menschen durch die Natur fest. In seinen »Thesen« über-
trug er seine Kritik auf die Philosophie und erklärte, Hegels
Philosophie sei das letzte Refugium der Theologie und
müsse zerschlagen werden. Der materialistische Kernsatz
Feuerbachs lautet: »Das wahre Verhältnis vom Denken zum
Sein ist nur dieses: Das Sein ist das Subjekt, das Denken Prä-
dikat. Das Denken ist aus dem Sein, aber das Sein nicht aus

12 Ludwig Feuerbach,
Stich von 1876

dem Denken.« Marx ging jetzt daran, mit Feuerbachs Argumenten eine umfassende Hegelkritik für das geplante Jahrbuch zu schreiben. »In Deutschland kann ich nicht mehr
beginnen«, hatte Marx Ende Januar an Ruge geschrieben. Er
betrachtete es daher als grobe Zumutung, dass ihm die Regierung, die einige Monate zuvor seine ›Rheinische Zeitung‹
verboten hatte, jetzt über einen väterlichen Freund, den
Geheimen Oberrevisionsrat Esser, das Angebot übermittelte,
doch in den Staatsdienst zu treten und in Berlin die von der
preußischen Regierung herausgegebene halbamtliche ›Allgemeine Preußische Staats-Zeitung‹ zu redigieren. Ende
Oktober 1843 brachen Karl und Jenny Marx auf, um mit der
Postkutsche von Kreuznach nach Paris zu fahren. Es wurde
eine Reise ohne Wiederkehr, sie kamen später nur noch für
kurze Besuchsaufenthalte nach Deutschland zurück.

»Ein Gespenst geht um in Europa ...«:
Marx und die Revolution 1848

Die ›Deutsch-Französischen Jahrbücher‹

Also nach Paris, der alten Hochschule der Philosophie und der neuen Hauptstadt der neuen Welt«, hatte Marx vor seiner Abreise hymnisch an Arnold Ruge geschrieben. Als Folge der Revolutionen von 1789 und 1830 war Paris zum geistigen Zentrum fortschrittlicher Denker in Europa geworden, für christliche und utopische Sozialisten, Kommunisten und Anarchisten. Ruge hatte sich vorher in Brüssel umgesehen, ob man nicht dort arbeiten könne, um näher an Deutschland zu sein, dann aber festgestellt, dass die Verhältnisse dort zu eng und beschränkt waren, um Resonanz für die neue Zeitschrift zu finden. In Paris lebten dafür über 85 000 Deutsche, meist Handwerker, aber auch Dichter wie Heinrich Heine und Ludwig Börne, natürlich auch Emigranten aus anderen europäischen Ländern wie der Russe Michail Bakunin sowie der bisherige Frankreichkorrespondent der ›Rheinischen Zeitung‹ Moses Hess. Für den Druck und Vertrieb der neuen Zeitschrift war der Verleger Fröbel in Zürich vorgesehen, bei dem bisher Ruges ›Anekdota‹ erschienen waren.

Anlaufadresse für Familie Marx war die Rue Vaneau 23 im Faubourg St. Germain auf dem linken Seineufer, das schon damals als Wohngegend der Künstler und Schriftsteller, aber auch vieler Emigranten galt. Ruge hatte dort, vermittelt über den linken Schriftsteller German Mäurer, zwei Etagen angemietet und im Nachbarhaus Büroräume für die ›Jahrbücher‹. Nach Ruges Plänen sollten die Ehepaare Ruge, Mäurer, Marx und Herwegh dort einen Fourier'schen Phalanstère bilden. Diese neue Lebensform war eine Art Kommune, in der die Ehefrauen die Hausarbeiten wie nähen, waschen und kochen gemeinsam organisieren sollten. Charles Fourier verband mit seiner neuen Idee die Vorstellung von einer Emanzipa-

tion der Frau und einem Baustein zu einer genossenschaftlich organisierten Gesellschaft. Doch das Projekt scheiterte
bald. Frau Herwegh, Tochter eines wohlhabenden Bank-
direktors, brauchte eine repräsentative Wohnung, um dort
einen literarischen Salon zu unterhalten. Die Herweghs ver-
zichteten daher auf eine Teilnahme an der neuen Lebensform. Aber auch die lebenslustige und gebildete Jenny Marx
kam mit der etwas älteren, biederen Sächsin Louisa Ruge
nicht aus. Marxens mieteten sich daher schon im Dezember
in einem benachbarten Haus ein. Für die jungen Eheleute
waren die ersten Monate in Paris die unbeschwerteste Zeit
ihres Lebens. Dank des von Ruge gezahlten Gehalts und
einer von den Aktionären der ›Rheinischen Zeitung‹ gezahlten Abfindung in Höhe von 1000 Talern konnten sie sich
leisten, was das Herz begehrte. Sie erwarben auf einer Ausstellung neue Möbel, kleideten sich teuer und modisch und
kehrten in den vornehmsten Lokalen ein. Verglichen mit
dem kleinstädtischen Trier vermittelte die Weltstadt Paris
mit ihren breiten Boulevards, repräsentativen Baudenkmä-
lern und dem reichhaltigen Kulturangebot ein völlig neues
Lebensgefühl. Marx' Unternehmungsgeist hing auch damit
zusammen, dass er seiner Frau etwas bieten wollte, bevor sie
durch die Mutterschaft voll in Anspruch genommen würde.
Denn bei der Ankunft in Paris war sie im vierten Monat
schwanger. Sie wurde am 1. Mai 1844 von einem Mädchen
entbunden, das den Vornamen Jenny erhielt. Da das Baby
etwas kränkelte, suchte die junge Mutter Unterstützung
bei ihrer Mutter, die inzwischen von Kreuznach zurück ins
heimische Trier gezogen war. Der Hausarzt Schleicher, von
Jenny abschätzig als »das dicke Schwein« bezeichnet, riet
dazu, eine Amme zu nehmen. Der kleinen Jenny ging es
nach dem Einsatz der Amme sichtbar besser. Die Amme war
schon in Metz in Stellung gewesen, sprach Französisch und
war auch bereit, mit nach Paris zu gehen. Doch Mutter Jenny
plagten in Trier auch andere Sorgen. »Liebherzchen, ich hab
oft gar zu große Sorgen wegen unserer Zukunft«, schrieb sie
ihrem teuren Karl, »wenn Du kannst, beruhige mich darü-

ber. Es spricht alles zu viel vom ständigen Einkommen. Ich antworte dann bloß mit meinen roten Backen, meinem weißen Fleisch, meiner Samtmantille, Federhut und Grisskopfputz.« Doch an dem »ständigen Einkommen« haperte es bei Marx wieder, denn der Start der ›Jahrbücher‹ verlief nicht nach Plan. Ruge war nach der Ankunft in Paris so schwer erkrankt, dass er zwar noch an der Einwerbung von Beiträgen beteiligt war, aber die Redaktion der eingegangenen Texte und die Gestaltung des ersten Heftes ganz Marx überlassen musste. Das Konzept sah vor, dass deutsche und französische Autoren in dem Blatt jeweils in ihrer Muttersprache schreiben sollten. Doch Ruge war es bei seiner Tour durch die Pariser Salons nicht gelungen, auch nur einen namhaften linken französischen Autor für das Projekt zu gewinnen. In seinen Erinnerungen an seine Zeit in Paris schrieb er, dem Historiker und Dichter Alphonse de Lamartine habe zwar das Konzept gefallen, aber die Herausgeber seien dem »gemäßigten Republikaner« zu revolutionär gewesen. Der christliche Sozialist Pierre Leroux sei mit anderen Dingen so beschäftigt, dass er wegen Zeitmangels abgesagt habe. Der utopisch-kommunistische Schriftsteller Étienne Cabet habe sich an dem Atheismus der Herausgeber gestoßen. Der Kommunist Victor Considérant fürchtete wiederum, das Blatt werde zu gewalttätigem Umsturz aufrufen. Und Pierre-Joseph Proudhon, der mit seiner These »Eigentum ist Diebstahl« berühmt geworden war, habe er nicht erreichen können. Als bedeutenden »Franzosen« konnte Marx nur den Dichter Heinrich Heine gewinnen. Der gehörte neben Friedrich Engels zu den wenigen Zeitgenossen oder Freunden, mit denen Marx sich bis zum Ende gut verstand, während es mit den meisten anderen nach einer gewissen Zeit zum Bruch kam. Als Student hatte Marx die romantischen Gedichte Heines nicht nur geschätzt, sondern sich auch als Heine-Epigone versucht. In Paris saßen Marx und Heine jetzt Nachmittage lang zusammen, um an der Formulierung einzelner Strophen zu feilen. Da Heine von einer mimosenhaften Empfindlichkeit gegenüber Kritikern war, verlangte das von Marx viel Einfühlungsvermögen, spricht aber auch für das Vertrauen, das Heine Marx entgegenbrachte. Beide stimmten in ihrer Kritik der reaktionären Verhältnisse in Deutschland überein. Heines satirisches Spottgedicht ›Deutschland, ein Wintermärchen‹ verdankt seine Schärfe wohl auch den Debatten mit Marx. Auch Heines Gedicht

Die schlesischen Weber

Im düstern Auge keine Träne,
Sie sitzen am Webstuhl und fletschen die Zähne:
»Deutschland, wir weben dein Leichentuch,
Wir weben hinein den dreifachen Fluch –
Wir weben, wir weben!

Ein Fluch dem Gotte, zu dem wir gebeten
In Winterskälte und Hungersnöten
Wir haben vergebens gehofft und geharrt,
Er hat uns geäfft und gefoppt und genarrt –
Wir weben, wir weben!

Ein Fluch dem König, dem König der Reichen,
Den unser Elend nicht konnte erweichen,
Der den letzten Groschen von uns erpreßt,
Und uns wie Hunde erschießen läßt –
Wir weben, wir weben!

Ein Fluch dem falschen Vaterlande,
Wo nur gedeihen Schmach und Schande,
Wo jede Blume früh geknickt,
Wo Fäulnis und Moder den Wurm erquickt –
Wir weben, wir weben!

Das Schiffchen fliegt, der Webstuhl kracht,
Wir weben emsig Tag und Nacht –
Altdeutschland, wir weben dein Leichentuch,
Wir weben hinein den dreifachen Fluch,
Wir weben, wir weben!«

Heinrich Heine, 1844

zum Aufstand der schlesischen Weber (»Deutschland, wir weben dein Leichentuch«) entsprach der Deutung als Vorspiel zur proletarischen Revolution. Bei der Erwartung einer revolutionären Entwicklung in Europa und der bestimmenden Kraft sozialistischer und kommunistischer Ideen in der Zukunft war Heine Marx-Schüler. Umgekehrt war Marx bei seiner Hegel-Rezeption und Hegel-Kritik auch Heine-Schüler. Heine hatte während seines Studiums in Berlin Hegel noch gehört. Für Hegel entwickeln sich politische Geschichte, die herrschenden Anschauungen, Kunst und auch die Religion nicht nebeneinander, sondern bilden ein Ganzes, sind Ausdruck des »objektiven Geistes«. Aufgabe der Philosophie einer Epoche sei es, »ihre Zeit in Gedanken zu fassen«. Heine kritisierte, dass für Hegel die Idee das einzig Reale sei, das reale Geschehen sekundär. Damit verherrliche Hegel einfach die bestehenden reaktionären Verhältnisse. Heine sah seine Aufgabe als Publizist im französischen Exil darin, die Franzosen mit dem deutschen Geistesleben bekannt zu machen und die Deutschen mit der revolutionären Praxis der Franzosen seit der Revolution von 1789. Die Hoffnung, beide Nationen, deren Gegensatz Hegel hervorgehoben hatte, zu einer gemeinsamen revolutionären Aktion zu vereinen, lag auf der Linie, die Marx mit den ›Jahrbüchern‹ verfolgte.

Die Hauptaufsätze, die der neuen Zeitschrift ihr Gesicht gaben, stammten von Marx und Engels. In seinem Aufsatz ›Zur Kritik der Hegelschen Rechtsphilosophie. Einleitung‹ setzt sich Marx mit der Kritik an dem Phänomen Religion auseinander, sein altes Thema seit den Tagen der Zusammenarbeit mit Bruno Bauer. Es reiche nicht aus, die Religion wie Feuerbach zu entlarven, vielmehr müsse die Kritik an der miserablen Realität ansetzen, die erst die Religion als Rechtfertigung und Trost ermögliche. Seine geistige Nähe zu Heine zeigt sich in diesem Aufsatz darin, dass Marx die Formel von der Religion als »Opium des Volks« aus dessen Kritik an Ludwig Börne übernimmt. Zum Verhältnis von Theorie und Tat folgen die Feststellungen, dass die »Waffe der

Kritik die Kritik der Waffen nicht ersetzen« kann. Materielle Gewalt müsse durch materielle Gewalt gestürzt werden, doch »die Theorie wird zur materiellen Gewalt, sobald sie die Massen ergreift«. Marx' kategorischer Imperativ lautet, »alle Verhältnisse umzuwerfen, in denen der Mensch ein erniedrigtes, ein geknechtetes, ein verlassenes, ein verächtliches Wesen ist«. Erstmals weist Marx dem Proletariat die Rolle der führenden Kraft in der Zukunft zu. Wie die Philosophie im Proletariat ihre materiellen, finde das Proletariat in der Philosophie seine geistigen Waffen. Der Aufsatz endet mit der Vorhersage, wenn alle inneren Bedingungen erfüllt seien, werde der deutsche Auferstehungstag verkündet werden durch das Schmettern des gallischen Hahns.

Das erst ein dreiviertel Jahrhundert später veröffentlichte Manuskript ›Zur Kritik des Hegelschen Staatsrechts‹ lässt erkennen, dass Marx an einer umfassenden Kritik der Hegelschen Rechtsphilosophie arbeitete. Später schrieb er dann aber, bei der Ausarbeitung zum Druck habe sich gezeigt, dass die allgemeine Kritik der Rechts- und Staatswissenschaft anhand einer Kritik von Hegels Rechtsphilosophie keine angemessene Form sei.

Sein zweiter Aufsatz ›Zur Judenfrage‹ ist eine Abrechnung mit seinem einstigen Freund und Förderer Bruno Bauer. Der hatte erklärt, Juden würden den Christen um eine historische Epoche hinterherhinken, sie müssten sich daher erst taufen lassen, bevor sie im christlichen Staat die Gleichberechtigung erlangen könnten. Marx hielt dagegen, dass die Juden keine völkische oder religiöse Einheit mehr darstellten, sondern durch den christlichen Staat zur Ausübung anstößiger Berufe genötigt seien. Marx versucht auch, den Satz Feuerbachs anzuwenden, die Wirklichkeit sei das Entscheidende, nicht die Idee. Es gelte also nicht, den Sabbatjuden zu betrachten, sondern den Alltagsjuden in seiner wirtschaftlichen Tätigkeit. In den etwas missglückten Aufsatz flossen auch Passagen ein, die Marx von Moses Hess übernommen hatte. Der aus Köln stammende frühsozialistische Publizist hatte schon früh das Privateigentum als Quelle al-

13 Friedrich Engels, Foto um 1850

len Übels erkannt. Und als Religion der Zeit wird das Geld
ausgemacht. Hess hatte dazu auch einen Aufsatz an Marx
geschickt, der ihn aber wegen der Einstellung der ›Jahrbücher‹ nicht mehr veröffentlichen konnte.

Der zweite bedeutende Autor der ›Jahrbücher‹ war Friedrich Engels. Auch er war über die deutsche Philosophie zur
Kritik an der Religion und zum Materialismus gekommen.
Für den Abkömmling eines pietistischen Elternhauses in
Barmen kein leichter Weg. Doch Engels kannte durch seine
kaufmännische Ausbildung in Bremen und die Tätigkeit in
der väterlichen Bauwollspinnerei in Manchester den Alltag
eines Industriebetriebes und lebte mit einer jungen Irin zusammen, die als Fabrikarbeiterin in einer Baumwollspinnerei gearbeitet hatte. Marx' ökonomische Kenntnisse beruh-
ten auf reiner Buchlektüre. In seinem Aufsatz ›Kritik der
Nationalökonomie‹ bewies Engels, dass er eigene Anschauung und schnell angelesenes Wissen zu einer eigenen Darstellung zusammenfügen konnte. Engels arbeitete heraus,
dass alle ökonomischen Kategorien Erscheinungsformen
des Privateigentums seien. Der freie Wettbewerb führe zu einer immer stärkeren Scheidung zwischen Kapital und Arbeit

und münde in immer schärfere Krisen. Engels beschreibt die ständig verschärften Ausbeutungsmethoden in den Fabriken und endet mit der bestimmten Voraussage, dass der Untergang des Kapitalismus bevorstehe. Für Marx war dieser Aufsatz Anlass, seine frühere kritische Distanz zu Engels aufzugeben. Engels steuerte zu dem Jahrbuch weiter eine Besprechung von Carlyles ›Past and Present‹ bei, das eine düstere Schilderung der Lage Englands bietet. Von Ruge stammte neben der Einleitung ein Briefwechsel mit Marx.

Das erste Heft kam als Doppelheft heraus und verkaufte sich in Frankreich schon deswegen schlecht, weil es keine Beiträge bekannter französischer Autoren enthielt. Die preußische Regierung reagierte nicht nur mit Indizierung und Beschlagnahme der Hefte, die sie an der Grenze abfangen konnte, sondern erließ Haftbefehle gegen Marx, Heine und Ruge. Durch die Leichtfertigkeit eines der Importeure wurden auf einen Schlag 800 Exemplare an der badischen Grenze beschlagnahmt. Als Erster verabschiedete sich Verleger Fröbel von dem Objekt, er wollte nicht noch mehr Geld verlieren. Ruge meinte, dass die von Marx redigierten Beiträge eine viel zu revolutionäre Tendenz hätten. Schließlich entdeckte er noch ein grundsätzliches Defizit seines Mitherausgebers, »Marx vollendet nichts«, klagte er gegenüber Feuerbach, »er bricht überall ab und stürzt sich immer wieder von neuem in ein endloses Büchermeer.« Schließlich einigten sich Marx und Ruge über die Beendigung des Projekts, und Marx erhielt als Abfindung die bisher nicht verkauften Jahrbücher.

Marx wird Politökonom:
Die Ökonomisch-philosophischen Manuskripte

Zu dem »Büchermeer«, in das sich Marx vertiefte, gehört die gesamte nationalökonomische und sozialistische Literatur vom Ende des 18. Jahrhunderts. Da seine Englischkenntnisse bis dahin nur mäßig waren, las Marx auch die Werke eng-

lischer Autoren wie Adam Smith und David Ricardo in französischen Übersetzungen. Marx' Schlussfolgerung aus der
Lektüre war der Übergang vom radikalen Liberalismus zum
Kommunismus. Aus den umfangreichen Exzerpten ent-
standen 1844 die sogenannten ›Ökonomisch-philosophischen
Manuskripte‹. Die erstmals 1932 veröffentlichten Texte sind
nur als Fragment erhalten, und selbst die korrekte Anord-
nung der Textteile ist nicht gesichert. Dennoch stellten sie
einen genialen Vorentwurf zu seinem 1867 erschienenen
Hauptwerk ›Das Kapital‹ dar.

Das zentrale Thema ist die Entfremdung, die allgemeine
Verarmung und Entmenschlichung des Arbeiters. Unter kapitalistischen Bedingungen muss der Arbeiter sein mensch-
liches Wesen entäußern, das Produkt der Arbeit tritt ihm als
fremdes Wesen gegenüber, als eine vom Produzenten unabhängige Macht. Der Arbeiter kann im Kampf mit dem Kapital nicht siegen. Sinkt der Reichtum der Gesellschaft, so leidet zuerst der Arbeiter. Bei steigendem Gewinn verschärft
sich die Ausbeutung und verursacht fortschreitendes Elend.
Im Abschnitt über das Geld heißt es, Geld besitze die Eigenschaft, sich alle Gegenstände anzueignen, »es gilt daher als
allmächtiges Wesen«. Um seine These zu illustrieren, dass
Geld der Ruin der menschlichen Gesellschaft sei, zitiert
Marx eine Passage aus Shakespeares ›Timon von Athen‹:

Ja dieser rote Sklave löst und bindet
Geweihte Bande; segnet den Verfluchten;
Er macht den Aussatz lieblich, ehrt den Dieb
und gibt ihm Rang, gebeugtes Knie und Einfluss
Im Rat der Senatoren; dieser führt
Der überjähr'gen Witwe Freier zu;

Die Manuskripte waren auch als eine Art Vorprodukt für ein
zweibändiges Werk ›Kritik der Politik und Nationalökonomie‹ gedacht, über das Marx einen Vertrag mit dem Darm-
städter Verleger Carl Wilhelm Leske abschloss. Der erste
Band sollte die theoretisch-ökonomischen Fragen behan-

deln, der zweite die historischen. Tatsächlich ist von diesem Vorhaben nicht mehr als ein Gliederungsentwurf auf den Seiten 22 und 23 von Marx' Notizbuch erhalten geblieben. Der zeigt, dass Marx an eine Fortsetzung seiner Jahrbuch-Aufsätze und der Manuskripte gedacht hatte. Für Marx brachte der Vertrag zumindest einen Vorschuss von 1500 Talern, den der Verleger später vergeblich zurückforderte.

Am 28. August 1844 kam es zu einer geradezu schicksalhaften Begegnung zwischen Marx und Engels im Pariser Café de la Régence. Auf der Rückreise von Manchester nach Barmen machte Engels einen Umweg über Paris, um Marx zu treffen. In den nächsten zehn Tagen kamen sie zu intensivem Austausch in Marx' Wohnung zusammen. »Dabei stellte sich unsere vollständige Übereinstimmung auf allen theoretischen Gebieten heraus«, erinnerte sich Engels später, »und von da an datiert unsere gemeinsame Arbeit … Marx war ein Genie, wir anderen höchstens Talente.« Aus dieser Begegnung wurde eine vierzigjährige Zusammenarbeit. Engels mit seiner raschen Auffassungsgabe und seinem praktischen Sinn war eher in der Lage, auch kurzfristig einen Text fertigzustellen. Ohne die finanzielle Unterstützung von Engels hätte Marx nicht existieren können. Die erhaltene Korrespondenz zwischen den beiden aus den Jahren 1844 bis 1870 umfasst etwa 4500 Briefe. Die Spannbreite reichte von theoretischen Fragen bis zu privatesten Themen, von kritischen Äußerungen über Zeitgenossen bis zum Dauerthema Marx' Geldsorgen. Eine gewisse Zurückhaltung schien beiden jedoch angebracht, weil sie befürchteten, dass ihre Korrespondenz von der politischen Polizei kontrolliert würde. Die Familie Marx hat später noch eine Nachkontrolle ausgeübt, um keinen negativen Eindruck von den sozialistischen Gründungsvätern aufkommen zu lassen. Auch der Briefwechsel zwischen den Eheleuten Marx wurde später »gereinigt«, um abwertende Aussagen über den Freund Engels nicht öffentlich werden zu lassen.

Die erste gemeinsame Arbeit von Marx und Engels war eine Streitschrift gegen die früheren Berliner Kampfgefährten Bruno und Edgar Bauer und die von ihnen herausgegebene ›Allgemeine Literatur-Zeitung‹: ›Die heilige Familie, oder Kritik der kritischen Kritik‹. Das Buch erschien 1845 in Frankfurt. Als Engels das Werk in den Händen hielt, schrieb er seinem Co-Autor:»Die souveräne Verachtung, mit der wir beide gegen die Lit.-Z. auftreten, bildet einen argen Gegensatz gegen die 22 Bogen, die wir ihr dedizieren.« Sehr viel gewichtiger war das im selben Jahr in Leipzig veröffentlichte Werk ›Die Lage der arbeitenden Klasse in England‹, das Engels allein geschrieben hatte. Es ist die erste und grundlegende Abhandlung über den Frühkapitalismus in England. Als Quellen hatte Engels auch die Blaubücher der Fabrikinspektoren herangezogen, in denen die inhumanen Zustände in den Fabriken sowie Frauen- und Kinderarbeit angeprangert wurden. Tragende Teile von Marx' ›Kapital‹ sind später ebenfalls diesen Quellen entnommen.

Vorstudien zu dem Werk hatte Engels bereits 1844 in der Halbwochenzeitung ›Vorwärts‹ veröffentlicht, die in Paris von dem deutschen Emigranten Heinrich Börnstein herausgegeben wurde. Redakteur war der schreibgewandte Hermann Becker, der wie viele andere der Autoren vorher an den ›Jahrbüchern‹ mitgearbeitet hatte. Der ›Vorwärts‹ war das einzige radikale und zensurfreie deutschsprachige Blatt in Europa. Das sprach im Gegensatz zu manch anderen kurzlebigen Zeitungen auch die im »Bund der Gerechten« organisierten, später sogenannten Handwerker-Kommunisten an. Aus dem Bund, der als Geheimorganisation gegründet worden war, ging später der »Bund der Kommunisten« hervor, die erste politische Vereinigung der deutschen Arbeiter. Auf deren Versammlungen, die Marx und Engels in Paris besuchten, bekamen sie erstmals so etwas wie Kontakt mit der Basis. Der erste ›Vorwärts‹- Artikel von Marx ›Kritische Randglossen zu dem Beitrag »Der König von Preußen und die Socialreform.« Von einem Preußen.‹ war ein Paukenschlag. Bei dem anonymen Preußen handelte es sich um Marx' früheren Weggefährten Arnold Ruge. Für Marx war der Aufstand der schlesischen Weber, den König Friedrich

Wilhelm IV. durch Einsatz von Militär hatte niederschlagen lassen, ein revolutionäres Ereignis. Für den König lagen die Ursachen des Elends der Weber in einem Verwaltungs- und Mildtätigkeitsmangel. Zielperson der Marx'schen Attacke war mehr Ruge als der Preußenkönig. Das änderte sich in Marx' zweitem Beitrag. Friedrich Wilhelm IV. hatte nach einem gescheiterten Attentat eine im gedrechselten Kanzleistil gehaltene 12-Zeilen-Erklärung veröffentlicht, die Marx in einem 200-Zeilen-Beitrag einer polemischen Sprachkritik unterzog. Der Artikel ›Illustrationen zu der neuesten Cabinetsstylübung Friedrich-Wilhelm IV.‹ endet mit dem Satz: »Der isolierte, durch ein Comma auf sich selbst verwiesene Schluss-Satz: ›und meines Volkes Liebe verdient‹, scheint auf einen unausgesprochenen, versteckten Nachsatz zu deuten, wie etwa: ›verdient die Knute des Schwagers Nikolaus und die Politik des Gevatters Metternich‹, oder auch: ›verdient das Constitutiönchen des Ritters Bunsen‹.« Der preußische Gesandte von Arnim hatte in Paris verschiedentlich gegen die Agitation des ›Vorwärts‹ protestiert und ein Verbot verlangt. Doch die Regierung konnte sich angesichts der bestehenden Pressefreiheit zunächst nur zu einer Geldstrafe durchringen. Dann aber schickte der preußische König als Sondergesandten den angesehenen Forscher Alexander von Humboldt nach Paris, der Louis Philippe am 7. Januar 1845 ein Handschreiben des Königs und als Präsent eine repräsentative Vase aus der Königlichen Porzellanmanufaktur überreichte. In dem Schreiben an Louis Philippe appellierte Friedrich Wilhelm IV. an die monarchische Solidarität und den gemeinsamen christlichen Glauben. Das wirkte. Louis Philippe war so angetan von den Worten des Preußenkönigs und von dem Präsent, dass er spontan versicherte, seine Regierung werde Paris unverzüglich von den deutschen Atheisten reinigen. Am 11. Januar stellte die Polizeipräfektur Karl Marx, den die preußischen Spitzel als den eigentlichen Leiter des ›Vorwärts‹ ausgemacht hatten, Verleger Heinrich Börnstein, Redakteur Lazarus Bernays und Mitarbeiter Arnold Ruge Ausweisungsbefehle der Regierung zu, unterzeich-

net von Minister François-Pierre-Guillaume Guizot. Begründung: Gefährdung der öffentlichen Sicherheit und Ordnung.
Frist: 24 Stunden. Nach heftigem Protest in der Öffentlichkeit
wurde den Ausgewiesenen unter der Hand bedeutet, sie
könnten vielleicht bleiben, wenn sie sich verpflichteten, Agitation in der Presse gegen befreundete Regierungen zu unterlassen.

Verleger Börnstein wechselte den Beruf, er stellte den
›Vorwärts‹ ein und wurde Agent der französischen politischen Polizei. Redakteur Bernays konnte nicht weg, denn er
verbüßte gerade eine zweimonatige Gefängnisstrafe, weil er
eine politische Zeitung redigiert habe, für die keine Kaution
hinterlegt sei. Ruge, der seinen Artikel mit »ein Preuße«
unterzeichnet hatte, eröffnete, dass er sächsischer Staatsbürger sei und mit dem Blatt eigentlich nichts zu tun habe. Marx
war zu stolz, um sich freiwillig unter Polizeiaufsicht zu stellen, und wählte als neuen Exilort Brüssel. Er ließ Frau und
Kind zurück, damit sie den Haushalt auflösen und er das
neue Heim einrichten konnte. Am 3. Februar 1845 bestieg er
die Postkutsche nach Brüssel, mit ihm reiste der Dichter Ferdinand Freiligrath, dem die Ausweisungsordre gegen seinen
Freund den Aufenthalt in Paris gründlich verleidet hatte. Sie
waren im Postwagen allein und vertrieben sich die langweilige Fahrt mit eifrigem Gespräch, von Zeit zu Zeit stimmte
Freiligrath ein Lied an, um den nachdenklichen Ausgewiesenen etwas abzulenken.

Arbeitsprojekt: Politische Ökonomie –
›Das Kapital‹ wird vorbereitet

Für die Neueinrichtung in Brüssel hatte Ehefrau Jenny sehr
konkrete Vorstellungen. »Das Kinderzimmer und Dein Arbeitszimmer sollten ganz einfach möbliert sein«, schrieb sie
ihrem Ehemann in sein Notizbuch, »die Küche braucht gar
nicht garniert zu sein. Für Kochtöpfe will ich selbst sorgen.
Auch Betten und Wäsche wären von den Meubles auszuneh

14 Die Töchter Jenny und Laura
Marx, ca. 1861

men … nur muss ich noch bitten, ein besonderes Augenmerk auf etwaige Wandschränke zu haben. Sie spielen eine Hauptrolle im Leben der Hausfrau und sind ein beachtenswerter, nicht zu übersehender Gegenstand.« Doch an die Neueinrichtung einer Wohnung war in Brüssel zunächst nicht zu denken. Für einen festen Wohnsitz in Brüssel brauchte Marx eine Aufenthaltsgenehmigung der belgischen Regierung. Und die wurde von der preußischen Regierung unter Druck gesetzt. Bestand nicht die Gefahr, dass Marx jetzt den ›Vorwärts‹ in Brüssel herausgeben wolle? Marx musste also zunächst einen Revers unterschreiben, dass er nichts über Tagespolitik veröffentlichen werde. Da traf es sich gut, dass er den noch in Paris unterschriebenen Vertrag mit Leske über ein zweibändiges wissenschaftliches Buch über Nationalökonomie vorlegen konnte.

Der Vertrag diente auch als Nachweis dafür, dass er seinen Lebensunterhalt bestreiten könne. Bis zum Erhalt des Honorars lebe er vom Geld seiner Frau. Engels, der von der Ausweisung gehört hatte, veranstaltete im Rheinland unter Freunden eine Sammlung für Marx, »um die Dir dadurch verursachten Extrakosten auf uns alle zu repartieren«. Er verzichtete auch zu Marx' Gunsten auf die erste Rate seines

15 Edgar Marx, genannt »Musch«, ca. 1853

Honorars für ›Die Lage der arbeitenden Klassen in England‹. Es dauerte noch ein halbes Jahr, bis die Familie Marx ein bescheidenes Haus in der Rue d'Alliance am östlichen Stadtrand gefunden hatte. Jenny überließ es ihrem Mann, das Haus einzurichten, und reiste mit Kind zu ihrer Mutter nach Trier, um sich vor der für Ende September vorherberechneten zweiten Niederkunft zu erholen. In einem Brief aus Trier an ihren geliebten Karl schrieb sie, im oberen Zimmer wolle sie »die große Affäre absolvieren«, und für die erste Zeit nach der Geburt solle ihr Karl im Studierzimmer schlafen und im Salon sein Arbeitszimmer einrichten. Die im September 1845 in Brüssel geborene Tochter erhielt den Namen Laura, zwei Jahre später folgte Sohn Edgar (»Musch«), benannt nach Jennys Bruder. Zur Unterstützung der jungen Mutter schickte die Baronin von Westphalen ihre Haushaltshilfe Helene (»Lenchen«) Demuth nach Brüssel. Lenchen wurde die große Stütze des Haushalts. Sie verstand es auch, unter schwierigsten finanziellen Bedingungen etwas zu essen auf den Tisch zu bringen, den Haushalt zu organisieren und die Familie bei guter Stimmung zu halten. Auch in Belgien war Marx vor der Beobachtung und Verfolgung durch die preußische Polizei nicht sicher. Die preußische Regierung verlangte von Belgien seine Ausweisung. Marx hoffte,

16 Helene Demuth, Foto um 1850

hier in einem Anfall von bei ihm sonst seltenem legalistischem Denken, preußischen Nachstellungen dadurch zu entgehen, dass er unter dem Vorwand, nach Amerika auswandern zu wollen, den Antrag auf Entlassung aus der preußischen Staatsbürgerschaft stellte. Dem Antrag wurde am 1. Dezember 1845 stattgegeben, aber die Verfolgung blieb. Sein Versuch, die Staatsbürgerschaft 1861 wiederzuerlangen, wurde von Berlin abgewiesen, auch der spätere Versuch im Londoner Exil im Jahre 1874, die britische Staatsbürgerschaft zu erlangen, schlug fehl. Marx blieb ein Staatenloser.

Im Sommer 1846 unternahm Marx mit seinem Freund Engels eine sechswöchige Reise nach London und Manchester. Die meiste Zeit brachten sie in der Old Chetham Library zu, um die Werke der maßgeblichen britischen Nationalökonomen William Petty, Thomas Tooke, Thomas Cooper, William Thompson und William Cobbett zu studieren. In London trafen sie auf der Rückreise mit einem der führenden Vertreter der britischen Chartisten, der ersten Arbeiterorganisation, die für gleiches Wahlrecht, Begrenzung der Arbeitszeit, Lohnerhöhungen und Arbeitsschutzgesetze eintrat, und auch mit deutschen Exilvertretern zusammen.

Engels, aber auch andere Freunde mahnten Marx, doch zügig das nationalökonomische Werk für Leske abzuschließen. Doch Marx fühlte sich auf diesem für ihn neuen Gebiet noch unsicher und zog es vor, eine philosophische Polemik gegen seine einstigen Freunde, die Junghegelianer, zu verfassen (›Deutsche Ideologie‹). In seinem Entschuldigungsbrief an Leske heißt es: »Es schien mir nämlich sehr wichtig, eine polemische Schrift gegen die deutsche Philosophie und gegen den seitherigen deutschen Sozialismus meiner positiven Entwicklung vorherzuschicken. Es ist dies notwendig, um das Publikum auf den Standpunkt meiner Ökonomie, welche schnurstracks der bisherigen deutschen Wissenschaft sich gegenüberstellt, vorzubereiten.« Der Brief schließt mit Marx' Versicherung, er könne notfalls beweisen, dass »man diese Schrift mit großer Spannung im Publikum erwartet«. Aber weder Leske noch ein anderer deutscher Verleger teilten diese Einschätzung. Es dauerte noch 85 Jahre, bis die ›Deutsche Ideologie‹ als Buch erschien. Den Winter 1845/46 verbrachte Marx, assistiert von Engels, der auch nach Brüssel gezogen war, damit, die Kritik zu Papier zu bringen. Der wichtigste Teil der Schrift enthält erstmals eine ausführliche Darstellung des historischen Materialismus. Marx, insoweit ganz Hegelianer, hatte sich stets geweigert, eine Zukunftsvision der klassenlosen Gesellschaft nach der ersehnten Revolution zu entwerfen. Aber in der ›Deutschen Ideologie‹ fin-

> Die Philosophen haben die Welt nur verschieden interpretiert, es kömmt aber drauf an, sie zu verändern.
> *Karl Marx: 11. Feuerbach-These, 1845*

> Die Professoren haben Marx nur verschieden kritisiert, es kommt aber darauf an, ihn auch zu verstehen.
> *Michael Karnetzki: Leserbrief, in: Humboldt-Universität 1991/92*

det sich doch eine später viel zitierte Passage, in der sich Marx über Entfremdung und Arbeitsteilung auslässt: »Während in der kommunistischen Gesellschaft, wo jeder nicht einen ausschließlichen Kreis der Tätigkeit hat, sondern sich in jedem beliebigen Zweige ausbilden kann, die Gesellschaft die allgemeine Produktion regelt und mir eben dadurch möglich macht, heut dies, morgen jenes zu tun, morgens zu jagen, nachmittags zu fischen, abends Viehzucht zu treiben, nach dem Essen zu kritisieren, wie ich gerade Lust habe, ohne je Jäger, Hirt oder Kritiker zu werden.«

Als Skizze für diese Auseinandersetzung mit den deutschen Philosophen, insbesondere mit dem von ihm so geschätzten Feuerbach, hatte Marx in seinem Notizbuch elf Thesen festgehalten, die erst 1888 von Engels entdeckt und veröffentlicht wurden.

Erfolg durch feindliche Übernahme: Der Bund der Kommunisten

Und verändern wollte Marx die Welt, daran wollte er sich durch den Revers, sich der Tagespolitik zu enthalten, den er gegenüber der belgischen Ausländerpolizei abgegeben hatte, nicht hindern lassen. Schon bei seinem London-Besuch hatte er mit Engels die Veranstaltungen des Bundes der Gerechten, der ersten Arbeiterorganisation mit europaweiten Ortsvereinen, besucht. Eine Möglichkeit zu aktivem Tun sahen beide in der Mitarbeit an der Brüsseler Zweigstelle. Die Bezeichnung Mitarbeit ist dabei eine starke Untertreibung, denn es ging ihnen um eine feindliche Übernahme. Der Bund der Gerechten war wie eine der für das 19. Jahrhundert typischen politischen Geheimorganisationen. Als legalen Arm hatten sie sich meist Arbeiterbildungsvereine geschaffen, in denen vorgetragen, diskutiert und auch gesungen wurde. Beliebt waren auch Bankette, denn die galten nicht als politische Versammlungen. Von Marx kam jetzt der Vorschlag, die Arbeit des Bundes durch kommunistische

Korrespondenzkomitees in den europäischen Hauptstädten zu ergänzen, die Einschätzungen zum politischen Kampf austauschen und für den Kommunismus werben sollten. Ein zentraler Punkt war für Marx, wie schon bei dem ›Jahrbücher‹-Projekt, die Zusammenarbeit zwischen Deutschen und Franzosen. Als Mitarbeiter in Paris wollte er den führenden Kopf der sozialistischen Theoretiker in Frankreich gewinnen, Pierre-Joseph Proudhon. Als der höflich ablehnte, traf ihn Marx' Rache, eine polemische Abrechnung mit dessen ›Philosophie des Elends‹ unter dem Titel ›Das Elend der Philosophie‹. Eine große Wirkung hatte auch dieses Buch nicht. Wie gering die Verbreitung von Marx' Ideen in der Frühzeit war, zeigt die Notiz in der Pariser Wirtschaftszeitschrift ›Journal des Economistes‹, die davon ausging, dass alle sozialistischen Theoretiker von Hause aus Handwerker seien, sie charakterisierte Marx als einen »Schuhmacher mit einer Neigung zu abstrakten Formeln«. Die Auseinandersetzung zwischen Marxisten und Proudhonisten zog sich später in der zweiten Sozialistischen Internationalen bis zum Ende des Jahrhunderts hin.

Im März 1846 kam der Mitbegründer des Bundes der Gerechten, Wilhelm Weitling, ein gelernter Schneider, nach Brüssel, um dort an einer Sitzung des Korrespondenzkomitees in Marx' Wohnung teilzunehmen. Dem russischen Schriftsteller Pawel Annenkow, den Marx von Paris her kannte, verdanken wir eine anschauliche Beschreibung dieser Sitzung. Marx hatte an der Stirnseite eines kleinen grünen Tischchens Platz genommen, während Engels die Sitzung eröffnete und mit gespielter Zurückhaltung ausführte, wie notwendig es doch sei, dass die Männer, die sich der Reform der Arbeit widmeten, ihre Ansichten klar darlegten und ein allgemeines Programm vorlegten, um das sich alle Parteigänger scharen könnten. Er hatte seine Einführung kaum beendet, als Marx an Weitling die Aufforderung richtete: »Sagen Sie uns doch, Weitling, der Sie mit ihrer kommunistischen Propaganda so viel Geräusch in Deutschland gemacht und so viel Arbeiter angezogen haben, die Sie ihrer Stellung und ihres

Stückchen Brotes beraubten, mit welchen Argumenten verteidigen Sie Ihre sozialrevolutionäre Agitation, und worauf denken Sie dieselbe in Zukunft zu gründen?« Weitling ant-

Frühsozialismus, Sozialismus und Kommunismus

Die Bezeichung Frühsozialismus wurde für eine Fülle sehr unterschiedlicher politischer Strömungen und Theorien gewählt, die zwischen 1789 und 1848 nach dem Zerfall der ständisch-korporativen Gesellschaftsordnung und dem Aufkommen des Industriezeitalters nach neuen Wegen für eine Gesellschaftsordnung suchten, die die neuen Missstände beseitigten und die aufklärerischen Ideale von Freiheit und Gleichheit realisieren sollten. Anhänger des verarmten hochadligen Grafen Saint Simon wandten sich gegen gewaltsame Veränderungen und sahen die Zukunft in der Organisation der Gesellschaft als große wissenschaftlich geleitete Fabrik. Der verarmte Kaufmannssohn Charles Fourier setzte auf die friedliche Überwindung der sozialen Gegensätze durch autonome Produktivgenossenschaften. Der Anwalt Étienne Cabet schwärmte von allgemeinen Assoziationen, die die Lage der Arbeiter verbessern und einen demokratisch-pazifistischen Kommunismus schaf-

fen sollten. Von Pierre-Joseph Proudhon stammt die Parole »Eigentum ist Diebstahl«, er wollte die Wirtschaft durch Rückkehr zu genossenschaftlich organisierten Kleinbetrieben revolutionieren, durch Tauschbanken den Handel ausschalten und schließlich auch die Geldwirtschaft überflüssig machen. Über 30 Jahre seines Lebens musste Louis Blanqui im Gefängnis verbringen, da er das Heil im bewaffneten Aufstand gegen die herrschende Ordnung durch kleine geheime Verschwörergruppen suchte. Marx qualifizierte die Frühsozialisten mit ihren utopischen Entwürfen als Metaphysiker ab. Er zog den Trennungsstrich zwischen Sozialisten und Kommunisten. Letztere verfügten über eine wissenschaftliche Theorie der Gesellschaft, hatten ein umsetzbares Handlungskonzept und eine Organisation, die den Klassenkampf vorantreiben und die proletarische Revolution auslösen sollten. Im ›Kommunistischen Manifest‹ rechneten Marx und Engels mit den utopischen Sozialisten ab.

wortete sehr allgemein und blumig, es sei nicht seine Aufgabe, neue ökonomische Theorien zu schaffen, sondern die anzunehmen, die, wie sich in Frankreich zeige, am meisten geeignet seien, den Arbeitern die Augen zu öffnen, dass sie keinen Versprechungen Glauben schenken dürften und ihre Hoffnung nur auf sich selbst setzen könnten. Marx unterbrach die weitschweifigen Ausführungen mit dem Statement: »Es ist einfach Betrug, das Volk aufzuwiegeln, ohne ihm feste Grundlagen für seine Tätigkeit zu geben. Die Erweckung phantastischer Hoffnungen führt niemals zur Rettung der Leidenden, wohl aber zu ihrem Untergang.« Als Weitling in seiner Erwiderung auf die vielen Briefe und Dankbarkeitsbezeugungen verwies, die ihn aus allen Teilen seines Vaterlandes erreichten, und dass seine Vorbereitungsarbeit für die gemeinsame Sache wichtiger sei als die Kritik und die Kabinettsanalysen, welche entfernt von der leidenden Welt und den Drangsalen des Volkes entwickelt würden, schlug Marx mit der Faust auf den Tisch, so dass die Lampe wackelte, und rief: »Noch nie hat die Unwissenheit jemandem genützt!« Weitling erschien zwar noch einige Zeit zum Mittagstisch bei Familie Marx, aber politisch war er kaltgestellt. Die Londoner Mitglieder des Bundes hatten bereits alle Verbindungen zu ihm abgebrochen, als Marx mit dem Vorschlag kam, ein kommunistisches Korrespondenzbüro zu gründen. In Paris sorgte Engels »für Ordnung«, er organisierte im Herbst eine Versammlung, in der sich die Handwerker entscheiden mussten, ob sie Kommunisten seien oder sich »für das Wohl der Menschheit einsetzen« wollten. Die Mehrheit folgte Engels, doch der politischen Polizei entgingen die Vorgänge im Bund nicht. Um einer Ausweisung zuvorzukommen, verhielt sich Engels politisch abstinent und verbrachte die Zeit lieber mit schönen Mädchen. »Ich verdanke Herrn Polizeipräfekt Delessert ganz hübsche Grisettenbekanntschaften und viel Pläsier«, schrieb er an Marx, »car j'ai volu profiter des journées et des nuits qui pouvaient être mes dernières à Paris.«

Im Herbst wurde die Zentrale des Bundes der Gerechten

offiziell nach London verlegt, und von dort kam auch die Aufforderung an Marx, Mitglied zu werden. Um seine Vorbehalte zu zerstreuen, versicherte ihm Joseph Moll, die Zentrale werde einen ordentlichen Kongress in London abhalten, wo die von ihm und Engels vertretenen Ansichten in einem öffentlichen Manifest als Bundesdoktrin festgelegt werden sollten. Der erste Kongress fand im Juni 1847 in London statt und beschloss die Umbenennung in Bund der Kommunisten und die Neuorganisation auf demokratischer Grundlage. Neben dem Entwurf eines neuen Statuts billigte der Kongress auch einen von Engels entworfenen, nach Art eines Katechismus formulierten Entwurf des kommunistischen Glaubensbekenntnisses; die Texte sollten vor der endgültigen Annahme zunächst an der Basis weiter diskutiert werden. Zur Festigung der Organisation des Bundes trug bei, dass die bisherigen Korrespondenzkomitees bald in den Gemeinden des reorganisierten Bundes aufgingen. Von Marx war das Bundesmotto »Alle Menschen sind Brüder!« mit dem Argument beanstandet worden, es gebe viele Menschen, deren Bruder er nicht sein wolle. Also lautete die neue Parole: »Proletarier aller Länder, vereinigt Euch!« Sie zierte auch das neue Publikationsorgan ›Kommunistische Zeitschrift‹, von der wegen Geldmangel aber nur eine Nullnummer herauskam. Einfacher war es da, in dem Blatt der Exildeutschen in Brüssel, in der ›Deutsche-Brüsseler-Zeitung‹ zu veröffentlichen. Diese Halbwochenzeitung wurde von Albert von Bornstein (früher ›Vorwärts‹ in Paris) herausgegeben, einem etwas abenteuerlichen Zeitgenossen, der zeitweilig in Diensten der österreichischen und der preußischen politischen Polizei stand. Marx nutzte die Zeitung, um sich mit Pseudoradikalen und Pseudosozialisten auseinanderzusetzen. Die ›Deutsche-Brüsseler-Zeitung‹ wurde nicht nur vor Ort gelesen, sondern ausweislich der Polizeiberichte auch in größerem Umfang nach Deutschland geschmuggelt. »Man kann sich nicht verhehlen«, heißt es in einem Bericht an die Polizei in Frankfurt, »dass das schlechte Blatt bei dem ungebildeten Leserkreis, auf den es berechnet ist, die zersetzendste Wirkung haben muss. Fabrikarbeitern und Tagelöhnern wird die verlockende Theorie der Güterteilung als angeborenes Recht begründet und tiefer Hass gegen die übrigen Staatsbürger und die Regierenden ins Herz geimpft.«

Neben den Arbeiterbildungsvereinen bot sich eine weitere legale Wirkungsmöglichkeit in den Demokratischen Gesellschaften, die für Freiheit, Demokratie, Bürgerrechte und nationale Selbstbestimmung eintraten. So ließ sich Marx zu einem der Vizepräsidenten des Dachverbandes Association démocratique wählen, die ihren Hauptsitz in Paris und Zweigstellen in Brüssel und London besaß. In dieser Funktion konnte Marx im November 1847 als Vertreter des Dachverbandes zur Londoner Gesellschaft reisen, um dort am Versammlungsort des Arbeiterbildungsvereins eine in der Presse als kraftvoll bezeichnete Rede zum Jahrestag des polnischen Aufstandes von 1830 zu halten. Am nächsten Tag begann im selben Saal der zweite Kongress des Bundes, um über das Programm zu diskutieren. Engels hatte seinen Programmentwurf ›Grundsätze des Kommunismus‹ noch einmal überarbeitet, außerdem lag eine von Moses Hess in Paris veränderte Fassung vor. Über die etwa zehntägigen Debatten liegen keine Protokolle vor, aber der Drucker Friedrich Leßner erinnerte sich an den Auftritt des damals 29-jährigen Marx: »Die Stirn war hoch und fein ausgearbeitet, das Kopfhaar dicht und rabenschwarz, der Blick durchdringend. Der Mund zeigte schon zu jener Zeit jenen sarkastischen Zug, den die Gegner so fürchteten ... Seine Rede war kurz, bündig und von zwingender Logik. Er machte keine überflüssigen Worte; jeder Satz ein Gedanke, und jeder Gedanke ein notwendiges Glied in seiner Beweisführung. Marx hatte nichts Träumerisches an sich. Je mehr ich den Unterschied zwischen dem Kommunismus der Weitling'schen Periode und dem des ›Kommunistischen Manifests‹ erkannte, desto klarer wurde es mir, dass Marx das Mannesalter des sozialistischen Gedankens repräsentierte.« Tatsächlich wurde Marx' Wirkung als Redner allerdings dadurch beeinträchtigt, dass er stets mit stark rheinischem Akzent sprach, der vielen seiner Zuhörer fremd war. Am Ende der Debatte erhielt Marx den Auftrag, unter Berücksichtigung der vorgelegten Texte und der ausführlichen Diskussion ein Manifest zu schreiben, das die Lehren des Bundes der Öffentlichkeit bekannt machen sollte. Engels schrieb gleich noch einen dritten Entwurf, den er an Marx weitergab. Der hatte es zunächst nicht sonderlich eilig mit der Fertigstellung seines Textes. Vorrang hatten für ihn Vorträge vor dem Brüsseler Arbeiterbildungsverein über »Lohnarbeit und Kapital«, die später als Broschüre veröffentlicht wurden.

Ein Pamphlet von weltgeschichtlicher Bedeutung:
›Das Kommunistische Manifest‹

Am 24. Januar 1848 schickte die Zentralbehörde des Bundes ein Ultimatum nach Brüssel. Die Brüssler Kreisbehörde möge Marx anzeigen, »dass, wenn das ›Manifest der Kommunistischen Partei‹, dessen Abfassung er auf letztem Kongress übernommen, nicht bis Dienstag, 1. Februar d.J. in London angekommen ist, weitere Maßregeln gegen ihn ergriffen werden«. Gegebenenfalls solle Marx der Zentralbehörde die ihm überlassenen Kongressdokumente zurücksenden. So unter Druck gesetzt, zog sich Marx in sein Studierzimmer zurück und brachte binnen sieben Tagen und Nächten den geforderten Text zu Papier. Er schaffte es auch, das Manuskript per Kurier oder Post nach London zu expedieren. Es wurde das bedeutendste politische Pamphlet der Weltgeschichte, das bis heute in allen Sprachen der Welt und in Millionenauflage verbreitet ist. Den Hauptteil bilden ein kurzer geschichtsphilosophischer Abriss der Entwicklung der Menschheitsgeschichte, eine Abgrenzung gegenüber anderen schwärmerischen sozialistischen Gruppierungen, eine Würdigung der Leistungen der Bourgeoisie und zehn konkrete Programmpunkte. Ein Großteil dieser Programmpunkte, wie die Schaffung von Nationalbanken, die Verstaatlichung der Eisenbahnen, die kostenlose Ausbildung der

17 Das ›Manifest der Kommunistischen Partei‹, Titel der auf den Februar zurückdatieren Erstausgabe, März 1848

Schüler oder die progressive Einkommenssteuer, wurden in allen europäischen Staaten eingeführt und wirkten keineswegs revolutionär. Der III. Abschnitt »Sozialistische und kommunistische Literatur«, eine Abrechnung mit den verschiedenen feudalen, kleinbürgerlichen, deutschen oder »wahren«, konservativen, kritisch-utopischen Spielarten des Sozialismus, hätte auch als Sammelbesprechung in einer

Zeitschrift stehen können. Der erste Abschnitt »Bourgeois und Proletarier« hatte es in sich. Der Bourgeoisie wird darin zunächst bescheinigt, eine »höchst revolutionäre Rolle gespielt« zu haben. Die Bourgeoisie habe gewaltige Produktivkräfte entfaltet und »ganz andere Wunderwerke vollbracht als ägyptische Pyramiden, römische Wasserleitungen und gotische Kathedralen, sie hat ganz andere Züge ausgeführt als Völkerwanderungen und Kreuzzüge«. Sie habe dafür notwendig die Produktionsinstrumente, also die Produktionsverhältnisse, revolutioniert. Anerkennend heißt es weiter: »Alle festen, eingerosteten Verhältnisse mit ihrem Gefolge von altehrwürdigen Vorstellungen und Anschauungen werden aufgelöst, alle neugebildeten veralten, ehe sie verknöchern können. Alles Ständische und Stehende verdampft. Alles Heilige wird entweiht, und die Menschen sind endlich gezwungen, ihre Lebensstellung, ihre gegenseitigen Beziehungen mit nüchternen Augen anzusehen.«

Dann spricht Marx die Bildung des Weltmarktes und die Folgen der Globalisierung an. Zum Bedauern der Reaktionäre hatte die Bourgeoisie der Industrie den nationalen Boden unter den Füßen weggezogen. Die uralten nationalen Industrien würden vernichtet und durch neue Industrien ersetzt, »die nicht mehr einheimische Rohstoffe, sondern den entlegensten Zonen angehörige Rohstoffe verarbeiten und deren Fabrikate nicht mehr nur im Lande selbst, sondern in allen Weltteilen zugleich verbraucht werden«. Und das gelte nicht nur für die materielle, sondern auch für die geistige Produktion. (Und bis heute: Wer im Urlaub das Fernsehen anschaltet, kann feststellen, dass hier dieselben US-Serien

Zucker und Kaffee haben ihre weltgeschichtliche Bedeutung im 19. Jahrhundert dadurch bewiesen, dass der durch die napoleonische Kontinentalsperre erzeugte Mangel an diesen Produkten die Deutschen zum Aufstand gegen Napoleon brachte und so die reale Grundlage für die Befreiungskriege von 1813 wurde.
Karl Marx und Friedrich Engels: Deutsche Ideologie, 1846

ein Großteil des Programmangebots ausmachen wie daheim.)

Der Anerkennung der Leistungen lässt Marx dann die Auflistung der Schattenseiten dieser Entwicklung folgen, verschärfte Krisen und verschärfte Ausbeutung der Arbeiter. Der Arbeiter »wird ein bloßes Zubehör zur Maschine, von dem nur der einfachste, eintönigste, am leichtesten erlernbare Handgriff verlangt wird«. Die Preise der Waren fielen mit sinkenden Produktionskosten, »in demselben Maße, in dem die Widerwärtigkeit der Arbeit wächst, nimmt daher der Lohn ab … in demselben Maße nimmt auch die Masse der Arbeit zu, sei es durch Vermehrung der Arbeitsstunden, sei es durch Vermehrung der in einer gegebenen Zeit geforderten Arbeit, beschleunigten Lauf der Maschinen u.s.w.«.

Mit dem Fortschritt dieser Entwicklung verstärke sich auch der Klassenkampf zwischen den zum Proletariat gewordenen Arbeitern und der Bourgeoisie. Und das Proletariat sei »eine wirklich revolutionäre Klasse«. Frühere Klassen, die sich die Herrschaft eroberten, hätten versucht, ihre erworbene Lebensstellung zu sichern. Das Proletariat als Bewegung der ungeheuren Mehrzahl im Interesse der ungeheuren Mehrzahl könne die gesellschaftlichen Produktivkräfte nur erobern, indem es die bisherige Wirtschaftsweise abschaffe. Vor der Masse des Proletariats und den übrigen Arbeiterparteien hätten die Kommunisten die theoretische Einsicht in die Bedingungen, den Gang der Entwicklung

Die Geschichte aller bisherigen Gesellschaft ist die Geschichte von Klassenkämpfen.

Die herrschenden Ideen einer Zeit waren stets nur die Ideen der herrschenden Klasse.

Die Proletarier haben nichts zu verlieren als ihre Ketten. Sie haben eine Welt zu gewinnen.
Karl Marx und Friedrich Engels: Kommunistisches Manifest 1848

und die allgemeinen Resultate der proletarischen Bewegung voraus. Das gemeinsame Ziel: »Bildung des Proletariats zur Klasse, Sturz der Bourgeoisieherrschaft, Eroberung der politischen Macht durch das Proletariat.«

Das Kommunistische Manifest verdankt seine Langzeitwirkung der genialen Klarheit und Anschaulichkeit der Argumentation. Es ist auch ein großer literarischer Wurf durch das Wechselspiel von lapidarer Feststellung und aufrüttelndem Appell, präziser Analyse und direkter Ansprache des Gegners, Antworten auf Beschuldigungen und vernichtenden Urteilen über Abweichler.

Schon der erste Satz klingt wie ein Donnerschlag: »Ein Gespenst geht um in Europa – das Gespenst des Kommunismus. Alle Mächte des alten Europa haben sich zu einer heiligen Hetzjagd gegen dieses Gespenst verbündet, der Papst und der Zar, Metternich und Guizot, französische Radikale und deutsche Polizisten.« Auch der letzte Absatz ist eine Kampfansage: »Die Kommunisten verschmähen es, ihre Ansichten und Absichten zu verheimlichen. Sie erklären es offen, dass ihre Zwecke nur erreicht werden können durch den gewaltsamen Umsturz aller bisherigen Gesellschaftsordnung. Mögen die herrschenden Klassen vor einer kommunistischen Revolution erzittern. Die Proletarier haben nichts zu verlieren als ihre Ketten. Sie haben eine Welt zu gewinnen.« Der Text schließt mit der Parole des Bundes: »Proletarier aller Länder, vereinigt Euch!«

Der Text wurde im Februar in London gesetzt und auf einer Art Handpresse im Büro des Arbeiterbildungsvereins in 46 Liverpool Street Bishopsgate gedruckt. Als die ersten Exemplare der ohne Verfasserangabe erschienenen 23-seitigen Schrift Anfang März 1848 ausgeliefert wurden, hatte sich

Das »Kommunistische Manifest« muss in den Lehrplan für Deutsch.
Bertolt Brecht an die Deutsche Akademie der Künste 1952,
Bertolt Brecht: Briefe, Frankfurt am Main 1981

die Situation in Europa grundlegend verändert, weshalb das Erscheinungsdatum auf Februar rückdatiert wurde. Die in der Einleitung des Manifests genannten Reaktionäre Guizot und Metternich waren von der politischen Bühne abgetreten. Am 25. Februar war in Paris die Revolution ausgebrochen und hatte das Regime des »Bürgerkönigs« Louis Philippe mit seinem Ministerium Guizot hinweggefegt. Wenig später musste der österreichische Staatskanzler Metternich zurücktreten. Der König von Preußen musste den Opfern der Barrikadenkämpfe in Berlin, den sogenannten Märzgefallenen, seine Reverenz erweisen und eine liberale Regierung ernennen. Jetzt war Kontinentaleuropa zum Schauplatz einer europäischen Revolution geworden, und die Zentralbehörde des Bundes der Kommunisten wollte dabei sein. Sie verlegte ihren Sitz nach Brüssel und sandte ihre Vertreter dorthin, um die neue Lage mit Marx zu beraten.

Seit zehn Jahren hatte Marx auf den Tag der Revolution gewartet, und seit zehn Jahren hatte er auch auf die Überweisung des väterlichen Erbes gewartet. Jetzt hatte seine Mutter ihm 6000 Taler als Vorschuss auf sein Erbe überwiesen. Die misstrauische belgische Polizei ließ sogar in Trier rückfragen, ob hier tatsächlich Privatgeld transferiert worden sei. Das Misstrauen war insofern nicht unberechtigt, als die Demokratische Gesellschaft in Brüssel unter Beteiligung von Marx und Engels in einer Adresse an den Stadtrat gerade die Bewaffnung der Arbeiter gefordert hatte. Tatsächlich wurden dann von einem Teil des Geldes Revolver und Dolche für die Arbeiter gekauft, so Jenny Marx in ihren Erinnerungen. Die belgische politische Polizei hatte auch schon vorher Marx' Aktivitäten überwacht und ihn als Sicherheitsrisiko eingestuft. Seine Artikel in der ›Deutschen-Brüsseler-Zeitung‹ hatte sie schon seit dem Vorjahr kritisch verfolgt, nicht zuletzt auf die dringende Aufforderung des preußischen Ge-

Die Revolutionen sind die Lokomotiven der Geschichte.
Karl Marx: Die Klassenkämpfe in Frankreich, 1850

sandten hin, der sogar ein Verbot der Zeitung und die Ausweisung der Mitarbeiter verlangt hatte.

Der 3. März 1848 wurde ein ereignisreicher Tag für Marx. Die Post brachte ihm morgens einen Brief des Ministers der provisorischen Regierung in Paris, Ferdinand Flocon, der die alte Ausweisungsverfügung annullierte. Darin heißt es, »der Boden der Französischen Republik ist eine Freistätte für alle Freunde der Freiheit. Tyrannenmacht hat Sie verbannt, das freie Frankreich öffnet Ihnen seine Tore wieder.« Daher traf es ihn nicht hart, als sich am Nachmittag die belgische Ausländerpolizei mit einem vom König unterzeichneten Ausweisungsbefehl einstellte. Mit den Kampfgefährten aus London wurde darüber beraten, den Sitz der gerade in Brüssel etablierten Zentralbehörde nach Paris zu verlegen. Es wurde sogar beschlossen, alle Organe aufzulösen und Marx die Vollmacht zu erteilen, den Bund in Paris neu zu konstituieren. Während die Runde in der Marx'schen Wohnung noch verhandelte, stürmte die Polizei überfallartig das Haus. Es war schon dunkel geworden, sodass es den meisten Teilnehmern noch gelang, durch den Hinterausgang zu entkommen. Die Polizei nahm Marx unter der Beschuldigung fest, er habe keinen gültigen Pass, obwohl der neben der Ausweisungsverfügung drei Pässe vorweisen konnte. Bei dieser Gelegenheit beschlagnahmte die Polizei die im Versammlungsraum auf dem Tisch liegen gebliebenen Dokumente des Bundes einschließlich des Protokolls der vorangegangenen Sitzungen. Die belgische Regierung wollte ihren guten Willen zur Zusammenarbeit mit der preußischen Regierung unter Beweis stellen und übergab die Unterlagen deren Gesandten. Die Dokumente gehörten drei Jahre später zum Belastungsmaterial im Kölner Kommunistenprozess. Jenny Marx erhielt von der Polizei die kurze Mitteilung, wenn sie ihren Mann sehen wolle, müsse sie mitkommen. Doch als sie sich auf der Straße nicht ausweisen konnte, wurde sie unter dem Vorwand der Landstreicherei festgenommen und im Untersuchungsgefängnis zusammen mit, wie sie später schrieb, »verlorenen Frauen« in eine Sammelzelle gesperrt.

Der Untersuchungsrichter äußerte am nächsten Tag sarkastisch sein Erstaunen darüber, dass die Polizei in ihrer Fürsorge nicht auch gleich die drei kleinen Kinder der Familie festgenommen habe. Die Marxens kamen am Nachmittag frei und mussten dann binnen zwei Stunden das Land verlassen. Ein Teil der edleren Wäsche und des Familiensilbers wurde hastig bei einem befreundeten Buchhändler in Verwahrung gegeben, der Rest verkauft. Eine Polizeieskorte brachte die Familie bis zur französischen Grenze. Die Eisenbahnfahrt war mühsam, der Zug war überfüllt, es gab keine Sitzplätze, die belgische Regierung verlegte Truppen an die Südgrenze, um ein Übergreifen der Revolution in ihr Land zu verhindern. Auf der französischen Seite gab es teilweise Schienenersatzverkehr mit Kutschen, weil maschinenstürmerische Fuhrleute, die ihre Existenz durch die Eisenbahn bedroht sahen, die revolutionären Wirren genutzt hatten, um Schienen aufzureißen und Lokomotiven zu beschädigen. Als die Familie Marx nach zwei Tagen in Paris ankam, waren immer noch die Spuren der Straßenkämpfe zu sehen, aufgerissenes Pflaster und verkohlte Barrikaden.

Da der Bund der Kommunisten, den Marx in Paris neu konstituieren sollte, trotz des Bekenntnisses im Manifest, die Kommunisten verschmähten es, ihre Ansichten und Absichten zu verheimlichen, eine Geheimorganisation war, gründete Marx zunächst nach bewährtem Vorbild einen deutschen Arbeiterverein. Hier traf er alte Kampfgefährten wieder. Marx wurde zum Präsidenten gewählt. Am 19. März trafen die Meldungen in Paris ein, in Wien sei Metternich gestürzt, der Kaiser habe den Forderungen der Revolutionäre nachgegeben und in Berlin sei ebenfalls die Revolution ausgebrochen. In Frankreich bildete sich sofort eine »deutsche Legion«, die den Kampf in Deutschland ausfechten wollte. Die französische Regierung stellte jedem Emigranten, der nach Deutschland wollte, sogar die Reisekosten zur Verfügung. Bei der Beratung, was geschehen solle, bildeten sich zwei Fraktionen heraus. Eine Gruppe war zum Kampf entschlossen, doch die Teilnehmer der Legion mussten ihren Eifer teuer bezahlen, die Legion wurde vom deutschen Militär schon kurz hinter der Grenze aufgerieben. Marx und die meisten Mitglieder des Bundes der Kommunisten entschieden sich zwar auch für eine Rückkehr nach Deutschland. Doch sie wollten unbewaffnet und in kleinen Gruppen in ihre Heimatorte zurückfahren. Im Reisegepäck hatten sie ein gemeinsam erarbeitetes Flugblatt mit dem Titel ›Forderungen der Kommunistischen Partei in Deutschland‹. Marx und Engels hatten darin die konkreten Forderungen aus dem Manifest etwas entschärft, denn sie wollten im Bündnis mit dem fortschrittlichen Bürgertum zunächst das feudalistische Regime in den deutschen Einzelstaaten abschaffen. Marx reiste mit Familie in Begleitung von Engels und dem Publizisten Ernst Dronke zunächst nach Mainz. Marx entschied sich für einen Neubeginn im vertrauten Köln, die Familie reiste weiter nach Trier, um abzuwarten, ob für ihn problemlos eine Aufenthaltsbewilligung ausgestellt und die Wiedereinbürgerung vollzogen würde.

18 Revolutionsszene, Gemälde vermutl. 1848

Chefredakteur der ›Neuen Rheinischen Zeitung‹

Der Kölner Stadtrat erteilte die Genehmigung und reichte den Wiedereinbürgerungsantrag an die Provinzialregierung weiter. Die ließ sich zunächst vier Monate Zeit, um Marx dann mitzuteilen, sie wolle von ihrer Befugnis, »einem Ausländer die Eigenschaft als Preußischer Untertan zu verleihen, zu Ihren Gunsten für Sie jetzt nicht Gebrauch [machen], Sie daher nach wie vor als Ausländer zu betrachten sind«.

Marx hatte seinen Erfolg in Köln vor sechs Jahren als Journalist erzielt, und hieran wollte er anknüpfen. Ermutigt wurde er durch den Beschluss des Deutschen Bundes, der die Aufhebung der 1822 im Gefolge der Karlsbader Beschlüsse gegen Demagogenverfolgung verhängten Pressezensur in allen deutschen Staaten vorsah, in Preußen umgesetzt durch das Patent des Königs vom 18. März 1848. Die Pressefreiheit gehört zu den bleibenden Errungenschaften der 48er-Revolution. Das neue Zeitungsprojekt bekam den Namen ›Neue Rheinische Zeitung‹ und den Untertitel ›Organ der Demokratie‹. Mit diesem Zusatz wie schon mit den aus Paris mitgebrachten ›Forderungen der Kommunistischen Partei‹ bekannte sich Marx zur Bündnispolitik. Dieser Linie entsprechend ließ Marx sich zum Vorsitzenden der Demokratischen Gesellschaft wählen, während er mit dem ebenfalls aus dem Bund der Kommunisten hervorgegangenen Kölner Arbeiterverein über Kreuz lag. Dessen Vorsitzender, Dr. med. Andreas Gottschalk, war als Armenarzt bekannt geworden und schaffte es binnen Wochen, 8000 Mitglieder zu werben. Seine Vorstellungen waren eher von Moses Hess und den »wahren« Sozialisten als den Gedanken von Marx bestimmt. Von einer Zusammenarbeit mit dem Kölner Bürgertum hielt Gottschalk nichts, und als im Mai 1848 Wahlen zur Deutschen Nationalversammlung in Frankfurt und zur Preußischen Nationalversammlung in Berlin anstanden, rief er zum Wahlboykott auf. Als Kölner Abgeordneter wurde dann tatsächlich der von Marx favorisierte Tabakhändler Franz Raveaux nach Frankfurt geschickt. Die Differenzen zwischen Marx und Gottschalk rührten daher, so meint einer seiner Biografen lapidar, dass Marx nur Organisationen schätzte, die er dominierte. Der naheliegende Grund war wohl, dass Marx sich beim liberalen Bürgertum das Startkapital für die ›Neue Rheinische Zeitung‹ holen wollte. Engels war ins elterliche Barmen gefahren, um dort Geld lockerzumachen. Vergebens. »Die Sache ist im Grunde die«, schrieb er an Marx nach Köln, »dass auch die radikalen Bourgeois hier in uns ihre zukünftigen Hauptfeinde sehen und dass sie uns keine Waffen in die Hand geben wollen, die wir bald gegen sie selbst kehren würden.« Eine sehr zutreffende Beurteilung. Von seinem Alten sei erst recht nichts zu erwarten, der würde den Revolutionären lieber tausend Kartätschenkugeln auf den Hals schicken. Da zu wenig Aktien gezeichnet worden waren, musste Marx die Reste seines väterlichen Erbes in das Unternehmen einbringen, damit es überhaupt starten konnte. Er ist später immer wieder kreuz und quer durch das deutsche Bundesgebiet zwischen Wien und Berlin gereist, um neues Geld aufzutreiben, denn die Gründer wollten keine weiteren Beträge nachschießen. Dennoch wagte es Marx, den für den 1. Juli 1848 geplanten Ersterscheinungstermin des neuen Blattes um einen Monat vorzuziehen. Als Quelle für ausländische Nachrichten abonnierte Marx zu Beginn drei britische Tageszeitungen, die ›Times‹, den ›Daily Telegraph‹ und den ›Economist‹. Die Redaktion bestand durchweg aus Mitgliedern des Bundes der Kommunisten, Marx fungierte als Chefredakteur, Engels als sein Stellvertreter, Wilhelm und Ferdinand Wolff, Ernst Dronke, Heinrich Bürgers, Georg Weerth und Ferdinand Freiligrath als Redakteure. Was ins Blatt kam, entschied »Diktator Marx«. Ein Mitarbeiter berichtete später über die Klagen von Engels, dass Marx nie ein guter Journalist würde, »über einem Leitartikel, den ein anderer in zwei Stunden schreibt, hockt er einen ganzen Tag«. Die Zeitung erschien täglich und hatte oft eine Beilage.

Die Auflage von 6000 Exemplaren galt damals als hoch, die alte ›Rheinische Zeitung‹ hatte nur die Hälfte davon verkauft. Wie zuvor wurde gegen die katholisch-konservative ›Kölnische Zeitung‹ polemisiert. Im Unterschied zur ›Kölnischen‹ wollte die ›Neue Rheinische‹ auch keine Regionalzeitung sein, sondern landesweit Beachtung finden. Das Schwergewicht lag auf der Wiedergabe von Nachrichten und nicht, wie es bei den meisten anderen Zeitungen üblich war, auf Kommentaren. Die von Marx verkündete Linie der Bündnispolitik von fortschrittlicher Bourgeoisie und Proletariat wurde schon in der ersten Ausgabe durch Engels' Leitartikel in Frage gestellt. Darin machte er sich über die gerade gewählte Frankfurter Nationalversammlung lustig. Anstatt sofort die Souveränität des deutschen Volkes zu proklamieren und eine Verfassung auszuarbeiten, habe sich die Versammlung in langen Reden, Abschweifungen und mehrfachem Durcheinander ergangen. Wenn eine Entscheidung anstand, habe man die Sache erst an einen Ausschuss überwiesen und sei dann essen gegangen. Mit seiner Kritik hatte Engels zwar den Kern der Sache getroffen, aber wie er später zugab, sprang die Hälfte der Aktionäre gleich wieder ab. Dennoch wurde über die Verhandlungen der Nationalversammlung weiter ausführlich und sehr kritisch berichtet. So erschien eine von Engels verfasste neunteilige Serie über die Polen-Debatte. Preußisch-Polen mit den Provinzen Posen und Westpreußen gehörte nicht zum Deutschen Bund, und die Versammlung votierte nun nicht für eine Wiederherstellung Polens, sondern für die Ausweitung des Bundes. Es fiel kein Wort des Bedauerns über die preußische Eroberungs- und Germanisierungspolitik. »Die ganze Debatte hinterlässt einen wehmütigen Eindruck«, schrieb Engels, »so viel lange Reden, so wenig Inhalt, so wenig Bekanntschaft mit dem Gegenstande, so wenig Talent!« Selbst die schlechtesten Debatten der französischen Kammer oder des britischen Unterhauses enthielten mehr Geist, mehr Sachkenntnis, mehr wirklichen Inhalt. Polnische Organisationen honorierten das propolnische Engagement der Zeitung mit einer Spende von 2000 Talern.

Marx' Neigung, alle, die nicht auf seiner Linie lagen, mit

Hohn und Spott zu überschütten, ließ das proklamierte breite Bündnis wenig glaubwürdig erscheinen. Ein Mitarbeiter des neuen liberalen Ministerpräsidenten Camphausen, der Marx noch aus den Tagen der liberalen ›Rheinischen Zeitung‹ kannte, hatte ihm im April das Angebot gemacht, in den Dienst der Regierung zu treten, was Marx als Zumutung ablehnte. Doch fast gleichzeitig hatte die politische Polizei in Köln vor dem politisch unzuverlässigen Dr. Marx gewarnt. Als die ›Neue Rheinische Zeitung‹ am 5. Juli 1848 einen bissigen Bericht über die skandalösen Umstände der Verhaftung der Arbeiterbund-Führer Friedrich Anneke und Andreas Gottschalk brachte, in dem auch der Oberstaatsanwalt Zweifel attackiert wurde, ging die Justiz auch gegen Marx und die Zeitung vor. Zuallererst wurde eine Gegendarstellung abgegeben, dann eine Durchsuchung der Redaktion angeordnet, um den Autor des Artikels herauszufinden, und schließlich eine Voruntersuchung gegen den Chefredakteur wegen Beleidigung des Staatsanwalts eingeleitet. Eine Vorladung zur Vernehmung als Mitbeschuldigter erhielt auch der Stellvertreter Engels. Der setzte nach und erklärte auf dem ersten Kongress der rheinischen Demokraten: »Der Charakterzug der Rheinlande ist Hass gegen das Beamten- und Stockpreußentum; diese Gesinnung wird hoffentlich andauern.« Was die neue liberale Regierung in Berlin auch unternahm, die konservative Beamtenschaft und die Armee sabotierten es. Als die Meldung vom Sturz dieser unfähigen Regierung durch ein Misstrauensvotum der Nationalversammlung in Köln bekannt wurde, brach ein unbeschreiblicher Jubel aus. Doch die Revolution befand sich bereits auf einer Talfahrt. Das neue Kabinett bestand nicht aus dem erhofften Mitte-Links-Bündnis, sondern aus reaktionären Beamten und Offizieren. Am 25. September wurde in der Festung Köln sogar der Belagerungszustand verhängt, und der Militärkommandant setzte das Erscheinen der ›Neuen Rheinischen Zeitung‹ aus. Als Engels erfuhr, dass die Polizei nach ihm fahndete, setzte er sich nach Belgien ab und wurde von dort nach Frankreich abgeschoben. Die Flucht wurde unverse-

19 Angriff der Republikaner auf die in der Paulskirche tagende Nationalversammlung am 18. September 1848, Neuruppiner Bilderbogen

hens zu einer ausgedehnten Weinprobe-Tour, über die er ein bisher nur auszugsweise veröffentlichtes Tagebuch führte. »Und welcher Wein! Welche Verschiedenheit, vom Bordeaux bis zum Burgunder, vom Burgunder bis zum schweren St. Georges, Lünel und Frontignan des Südens, und von diesem zum sprudelnden Champagner«, heißt es darin, und er verrät noch mehr: »Auf jedem Schritt fand ich die heiterste Gesellschaft, die süßesten Trauben und die hübschesten Mädchen!« Aus der Schweiz bat er Marx um Entschuldigung für seinen Abenteuerurlaub und um Überweisung von etwas Geld. Marx antwortete, dass er ihm Pass und Geld geschickt habe, der Belagerungszustand in Köln inzwischen aufgehoben sei und die Zeitung seit dem 11. Oktober wieder erscheine, »sobald Du irgend kannst, schreib Korrespondenzen und längere Artikel«. Engels fiel aber zur Schweiz nichts

ein: »Wenn in dieser lausigen Schweiz nur irgend etwas vor-
fiele, um drüber schreiben zu können. Aber lauter Lokal-
dreck der lausigsten Art.«

Sieg der Konterrevolution: Marx wird ausgewiesen

Die preußische Verwaltung und Justiz versuchten jetzt in
Köln, Marx mit mehreren Presseprozessen wegen Beleidigung des Staatsanwalts Hecker und Aufforderung zur Rebellion zur Strecke zu bringen. In dem Beleidigungsprozess
brillierte Marx in einer einstündigen Verteidigungsrede mit
seinen Rechtskenntnissen auf dem Gebiet des Code pénal, er
verwies darauf, dass der Tatbestand der Beleidigung eine
Absicht verlange und es im Artikel 367 sogar einen Rechtfer-
tigungsgrund gebe. Journalisten sei danach gestattet, Tatsachen ans Licht zu bringen, auch wenn sie beleidigend wirken könnten. Er schloss seine Rede mit einem Appell an die
Geschworenen: »Ich für mich versichere Ihnen, meine Herren, ich verfolge lieber die großen Weltbegebenheiten, als
dass ich mich mit Gendarmen und Parquets (Staatsanwäl-
ten) herumschlage. So groß sich diese Herren in ihrer eigenen Einbildung dünken mögen, sie sind nichts, durchaus
nichts in den riesenhaften Kämpfen der Gegenwart.« Er
schloss mit dem Bekenntnis: »Die erste Pflicht der Presse ist
nun, alle Grundlagen des bestehenden politischen Zustandes zu unterwühlen.«
   Bald stand Marx wieder vor Gericht. Er war zusammen
mit anderen Angehörigen des Rheinischen Kreisausschusses
der Demokraten wegen Aufforderung zur Rebellion ange-
klagt. Die Demokraten hatten nach der Vertreibung der gewählten Preußischen Nationalversammlung durch das Militär die Bürger zur Steuerverweigerung aufgerufen, die
Organisierung des Landsturms und die Bildung von Sicher-
heitsausschüssen verlangt. Da die Nationalversammlung
selbst zur Steuerverweigerung aufgerufen hatte, bejahte das
Geschworenengericht die Rechtmäßigkeit des Aufrufs. Marx

wurde erneut freigesprochen. Der Zeitungsverlag brachte dann auch noch eine selbstständige Broschüre über die »gewonnenen« Strafverfahren unter dem Titel ›Zwei Prozesse‹ heraus. Der stellvertretende Kommandant der Kölner Garnison, ein Oberst Engels, schrieb an den Oberpräsidenten der Rheinprovinz, Marx werde nach dem Freispruch immer frecher, »es scheint mir endlich an der Tagesordnung, denselben auszuweisen, da man von einem bloß geduldeten Fremden es sich doch nicht gefallen zu lassen braucht, dass er alles mit seinem Gift begeifert, da ohnehin inländisches Geschmeiß dies hinlänglich tut«. Die ›Neue Rheinische Zeitung‹ hatte am 8. Mai 1849 noch gejubelt, dass bei erneuten bewaffneten Auseinandersetzungen in Sachsen und der Pfalz »der Konterrevolution täglich schärfer, täglich allgemeiner die neue Revolution entgegentritt«. Doch damit war es jetzt vorbei. Der preußische König hatte eine Verordnung über den Belagerungszustand erlassen, die es erlaubte, alle Freiheitsrechte, die in der von ihm im Dezember 1848 erlassenen Verfassung enthalten waren, außer Kraft zu setzen. Am 11. Mai wurden die Preußen in der Redaktion mit neuen Strafrechtsverfahren überzogen und die Nichtpreußen, darunter Marx, des Landes verwiesen. In der an den Kölner Polizeidirektor Geiger adressierten und am 16. Mai an Marx übermittelten Ausweisungsverfügung heißt es, die ›Neue Rheinische Zeitung‹ trete immer entschiedener für den gewaltsamen Umsturz und die Einführung einer sozialen Republik ein, »es ist daher ihrem Redakteur en chef, dem Dr. Karl Marx, das Gastrecht, welches er so schmählich verletzt, zu entziehen, und da derselbe eine Erlaubnis zum ferneren Aufenthalt in den hiesigen Staaten nicht erlangt hat, ihm aufzugeben, dieselben binnen 24 Stunden zu verlassen«. Unterschrift: »Moeller, Königl. Regierung.« Gegen Engels wurde Haftbefehl erlassen und ein Steckbrief veröffentlicht.

Die letzte Ausgabe der ›Neuen Rheinischen Zeitung‹ erschien am 19. Mai 1849 in einer Auflage von 20 000 Exemplaren in rotem Druck mit einem Abschiedsgedicht von Ferdinand Freiligrath. Marx konnte noch den Betrieb abwickeln und

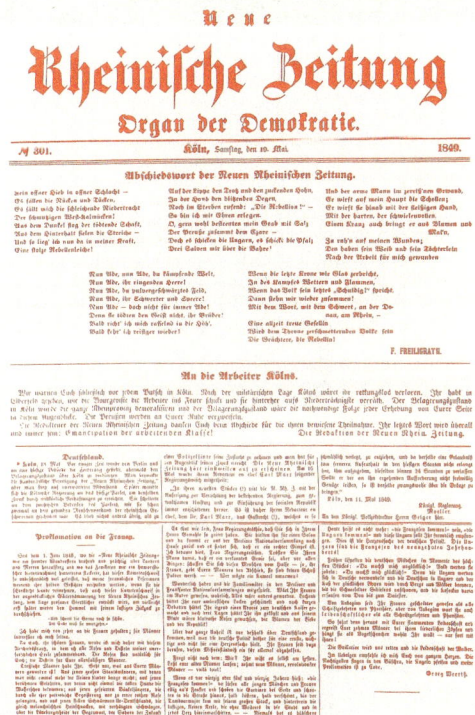

20 Die letzte
Ausgabe der
›Neuen
Rheinischen
Zeitung‹,
19. Mai 1849

seinen Haushalt auflösen. Alle Rechnungen und Löhne waren
bezahlt, ihm selbst blieb aber nichts. Er kam erst zu etwas
Geld, als seine Frau das berühmte Familiensilber in einem
Frankfurter Pfandhaus versetzt hatte. Marx und Engels versuchten dort, die linken Abgeordneten der Nationalversammlung davon zu überzeugen, sie müssten zu ihrem
Schutz die Aufständischen aus Süddeutschland heranholen.
Engels schloss sich den Truppen der provisorischen Regierung von Baden an, doch die verloren in den nächsten Wochen sämtliche Gefechte gegen die preußische Armee, ihm
gelang es nach dieser »tapferen Dummheit«, wie er sich später ausdrückte, in die Schweiz zu entkommen. Marx reiste

mit falschem Pass nach Paris. Doch dort hatte sich das Blatt ebenfalls gewendet. Die Truppen der reaktionären Regierung hatten die linken Revolutionäre kurzerhand verhaftet und stellten jetzt auch den ausländischen Revolutionären nach, um für Ruhe in der Hauptstadt zu sorgen. Am 19. Juli 1849 gelang es der Pariser Polizei, Marx, der sich unter dem Pseudonym Monsieur Ramboz eingemietet hatte, eine Verfügung über seine Verbannung nach Morbihan in der Bretagne zuzustellen. Für Marx war das eine moderne Form der im alten Rom praktizierten Verbannung in die Pontinischen Sümpfe. »Ich verlasse also Frankreich«, schrieb er an Engels. Da kein anderer Staat Marx und seine Familie aufnehmen wollte, reiste er mit dem Dampfer »City of Boulogne« nach Dover, um in England um Asyl nachzusuchen.

Publizistische Nachhutgefechte in London

Erste Hilfe fand er beim deutschen Flüchtlingskomitee. An einen langen Aufenthalt in London schien Marx nicht geglaubt zu haben, denn er sah nicht das Scheitern der europäi-

Flüchtlings-Herberge London, Long Acre 27
Da sitzen alltäglich diese blassen verkommenen Gestalten, abhängig von der Laune eines groben Kellners und der Stimmung ihrer englischen Wirtsleute daheim, da sitzen sie, sag' ich, mit von Unglück und Leidenschaft gezeichneten Gesichtern und träumen von *ihrer* Zeit und haben für jeden Neueintretenden nur die *eine* Frage: regt sich's? geht es los? Dabei leuchtet ihr Auge momentan auf, und erlischt dann wieder wie ein Licht ohne Nahrung. – Ihr Regierungen aber, zum mindesten ihr deutschen Regierungen, tut ab die kindische Furcht vor einem hohlen Gespenst und besoldet nicht eine Armee von Augen, die dies Jammertreiben verfolgen und von jedem hingesprochenen Wort Bericht erstatten soll. Ihr verdientet zu fallen, wenn dieser Aushub je gefährlich werden könnte.
Theodor Fontane: Ein Sommer in London 1852, in: ders., Werke,
Schriften und Briefe, Bd. 3,1, München 1975

schen Revolution, sondern diagnostizierte nur eine Pause. Unverzüglich machte er sich daran, ein neues Publikations- organ zu schaffen, die Monatszeitschrift ›Neue Rheinische Zeitung. Politisch-ökonomische Revue‹. Als Redakteur wur- de Karl Marx angegeben, verantwortlicher Herausgeber in London war der deutsche Emigrant Konrad Schramm, Er- scheinungsorte Hamburg und New York, Kommissionsver- lag Schuberth und Co. in Hamburg. Schon die Anknüpfung an den Titel der, wie Marx schrieb, »standrechtlich besei- tigten« ›Neuen Rheinischen Zeitung‹ zeigt die Erwartung, in naher Zukunft die Monatsschrift wieder in eine Tages- zeitung umwandeln zu können. »Ich zweifle kaum, dass nach Erscheinung von drei, vielleicht zwei Monatsheften der Weltbrand interveniert«, schrieb Marx seinem Freund Jo- seph Wedemeyer nach New York. Doch zunächst verzögerte sich das für Januar angekündigte Erscheinen um Wochen, weil der Setzer Marx' Schrift nicht entziffern konnte, und nach sechs Ausgaben, die letzte als Doppelheft, musste die Zeitschrift im November aus Geldmangel wieder eingestellt werden.

Das große Thema der Aufsätze von Marx und Engels in der ›Revue‹ war die Analyse der gescheiterten Revolution. Marx rechnete damals mit einem baldigen Wiederaufflackern der revolutionären Kämpfe. In seiner Artikelfolge ›Die Klassen- kämpfe in Frankreich 1848–1850‹ steht der bekenntnishafte Satz: »Revolutionen sind die Lokomotiven der Geschichte.« Es erschienen aber auch ökonomisch-politische Übersichten und Literaturkritiken. Die früheren Kölner Kampfgefährten Karl Blind, Johann Georg Eccarius, Louis Ménard und Wil- helm Wolff gehörten zu den festen Autoren. Frankreich war lange Jahre für Marx das Land der Hoffnung gewesen. Nach dem Sieg der Reaktion und der Wahl von Louis Bona- parte zum Präsidenten arbeitete er seine Revue-Aufsätze Anfang 1852 zu einer polemischen Abrechnung mit der Re- volution in Frankreich um. Das Werk ›Der 18. Brumaire des Louis Bonaparte‹ wurde Marx' brillantestes politisches Pamphlet. Es vereinigte eine spannende Darstellung der Er-

eignisse mit einer materialistischen Analyse der Klassen und
Klassenkämpfe in Frankreich. Es analysiert, wie Louis Bonaparte, eine mäßig begabte Figur, ein künftiger Kaiserdarstel-
ler, durch die Macht der Verhältnisse an die Spitze des Staates gelangen konnte und die parlamentarische Demokratie
dabei auf der Strecke blieb. Die Darstellungsform als eine
tragische Komödie entlehnte Marx Heines ›Buch Le Grand‹.
Von dort stammt auch der berühmte Eingangssatz, wonach
sich alle großen weltgeschichtlichen Tatsachen und Personen zweimal ereigneten, einmal als Tragödie und einmal als
Komödie. Der ›18. Brumaire‹ ist das einzig geschlossene
Werk, in dem sich Marx mit der Funktionsweise des bürger-

Hegel bemerkt irgendwo, dass alle großen weltgeschichtlichen
Tatsachen und Personen sich sozusagen zweimal ereignen. Er
hat vergessen, hinzuzufügen: das eine Mal als Tragödie, das andere Mal als Farce. (…)

Die Menschen machen ihre eigene Geschichte, aber sie machen sie nicht aus freien Stücken, nicht unter selbstgewählten,
sondern unter unmittelbar vorgefundenen, gegebenen und
überlieferten Umständen. Die Tradition aller toten Geschlechter
lastet wie ein Alp auf dem Gehirne der Lebenden. Und wenn sie
eben damit beschäftigt scheinen, sich und die Dinge umzuwäl-
zen, noch nicht Dagewesenes zu schaffen, gerade in solchen
Epochen revolutionärer Krise beschwören sie ängstlich die Geis-
ter der Vergangenheit zu ihrem Dienste herauf, entlehnen ihnen
Namen, Schlachtparole, Kostüm, um in dieser altehrwürdigen
Verkleidung und mit dieser erborgten Sprache die neue Weltge-
schichtsszene aufzuführen. So maskierte sich Luther als Apostel
Paulus, die Revolution von 1789–1814 drapierte sich abwechselnd als römische Republik und als römisches Kaisertum, und
die Revolution von 1848 wusste nichts besseres zu tun, als hier
1789, dort die revolutionäre Überlieferung von 1793–1795 zu pa-
rodieren. So übersetzt der Anfänger, der eine neue Sprache er-
lernt hat, sie immer zurück in seine Muttersprache, aber den
Geist der neuen Sprache hat er sich nur angeeignet, und frei in
ihr zu produzieren vermag er nur, sobald er sich ohne Rückerin-
nerung in ihr bewegt und die ihm angestammte Sprache in ihr
vergisst.

lichen Verfassungsstaates auseinandergesetzt hat. Seine Absicht, ein wissenschaftliches Buch über den Staat zu schreiben, hat er später nicht verwirklicht. Die Veröffentlichung des ›18. Brumaire‹ im Jahre 1852 in der von seinem Freund Wedemeyer in New York herausgegebenen Zeitschrift ›Die Revolution‹ stand unter keinem guten Stern. Aus Geldmangel konnte nur eine Doppelausgabe mit dem Marx-Text erscheinen. Da Wedemeyer das fertige Werk beim Drucker nicht auslösen konnte, gelangten nur wenige Exemplare der Erstausgabe nach Europa. Mit seinem ebenfalls 1852 gemeinsam mit Engels verfassten Text ›Die großen Männer des Exils‹, in dem er sich polemisch mit den kleinbürgerlichen Demokraten im Exil auseinandersetzte, hatte Marx noch weniger Glück. Er übergab das Manuskript dem Ungarn János Bangya, der ihm versicherte, einen deutschen Verleger für das Werk gefunden zu haben. Auf kritische Nachfragen, wann das Buch erscheine, kam Bangya immer wieder mit Ausflüchten. Die Nachforschungen von Marx und Engels ergaben schließlich, dass der angegebene Verleger nicht existierte, Bangya das Manuskript an die preußische Polizei verkauft hatte und im übrigen Vorsitzender eines siebenköpfigen Emigrantenkomitees war, von denen fünf Polizeispitzel waren.

Marx hatte inzwischen erkannt, dass die meisten Emigranten unter gewaltiger Selbstüberschätzung litten und ihre Betriebsamkeit und Streitigkeiten wenig Positives bewirken konnten. Von den professionellen Konspirateuren, die eine Revolution aus dem Stegreif anzetteln wollten, hielt er immer weniger. Für ihn handelte es sich um von der Polizei geduldete Subkulturen, deren Haupterwerbszweig die Spionage sei.

»Revolutionen sind die Lokomotiven der Geschichte«, hatte er – wie bereits erwähnt – in der Aufsatzfolge ›Die Klassenkämpfe in Frankreich 1848 bis 1850‹ geschrieben. Und an die kommende Revolution sollte er bis zum Ende seiner Tage glauben. Im März 1850 hatte er noch gemeint, mit dem Angriff auf das allgemeine Stimmrecht habe das Bürgertum in Frankreich das Signal für eine neue Revolution gesetzt. Vier Wochen später war er im Folgebeitrag zu der grundlegenden Erkenntnis gelangt, dass eine Revolution nur in Zeiten einer Wirtschaftskrise möglich sei, nicht aber während einer allgemeinen Prosperität, »eine solche Revolution ist nur in den Perioden möglich, wo diese beiden Faktoren, die modernen Produktivkräfte und die bürgerlichen Produktionsformen, miteinander in Widerspruch geraten«.

Seine Konsequenz aus dieser Einsicht war, dass er seine Zeit vorrangig dem wissenschaftlichen Studium des Kapitalismus und seiner Krisen widmen wollte, um Voraussetzungen und Verlauf der erwarteten Revolution vorhersagen zu können. Für eine ungestörte Forschertätigkeit fehlte Marx aber vor allem eins: Geld. In Paris hatte das Ehepaar Marx die glücklichsten Jahre seines Lebens im Exil verbracht, man war voller Hoffnung und hatte keine finanziellen Sorgen. Auch in Brüssel waren die Verhältnisse noch leidlich, auch wenn es keine festen Einnahmen mehr gab. In den langen Jahren des Londoner Exils, in denen er sein Hauptwerk ›Das Kapital‹ schrieb, lebte Marx unter erdrückend prekären Verhältnissen, an denen das private Familienglück zerbrach. Erst als Engels zwanzig Jahre später in der Lage war, für Marx eine Rente auszusetzen, konnte dieser das beschauliche Leben eines Privatgelehrten führen.

»Paradies und Hölle können eine Stadt sein«: London

»So ennuyant ist es mir, dass Du Dich für mich
auspressest.« – Marx am Tropf von Engels Zuwendungen

London war im 19. Jahrhundert die Weltstadt schlechthin.
Die Einwohnerzahl des Metropolisdistrict of London betrug 1849 etwa zweieinhalb Millionen, in Marx' Todesjahr
1883 fast fünf Millionen. London war die Hauptstadt eines
Weltreiches, in dem die Sonne nicht unterging. In der Hafen-
stadt wurde vor allem am Handel mit der Welt verdient, große Industriebetriebe gab es nicht. Prachtvolle Regierungs-
paläste, große Parkanlagen und öffentliche Bauten zeugten
vom Reichtum Großbritanniens. Im Mai 1851 wurde in London die Weltausstellung mit dem berühmten Kristallpalast
eröffnet. Doch mit dem Wachstum der Stadt und des Reich-
tums wuchs auf der anderen Seite auch das Elend. »Paradies
und Hölle können eine Stadt sein«, heißt es bei Brecht. Die
mangelhaften hygienischen Verhältnisse in den Armutsvier-
teln hatten 1848 zu einer Cholera-Epidemie geführt. Anlauf-
punkt für Emigranten vom europäischen Kontinent war ein
Hilfskomitee für Flüchtlinge, das im Armuts- und Vergnü-
gungsviertel Soho arbeitete. Die meisten waren dem Her-
kommen nach Handwerker und konnten als Schneider, Tischler oder Schriftsetzer ihr Geld verdienen oder sich zumindest
über Wasser halten. Schwieriger war es für Akademiker.
Glück hatte der Dichter Gottfried Kinkel, zuvor Professor für
Kunstgeschichte in Bonn. Er konnte jetzt Vorträge über
Gotik halten, denn Neugotik war gerade die in England be-
liebteste Architektur. Seine Frau erteilte Klavierunterricht.
Wilhelm Wolff von der ›Neuen Rheinischen Zeitung‹, ursprünglich Gymnasiallehrer, konnte sich als Privatlehrer
durchschlagen. Ferdinand Freiligrath gelang es sogar, Filial-
leiter einer Schweizer Bank zu werden. Für den studierten
Philosophen und ehemaligen Journalisten Dr. Karl Marx gab

es kaum eine geeignete Beschäftigungsmöglichkeit, aber er unternahm auch keine ernsthaften Anstrengungen, eine Erwerbsquelle zu finden. Er hat sich nur einmal um eine Anstellung beworben, und zwar bei einer Eisenbahngesellschaft, doch daraus wurde nichts, er wurde schon wegen seiner unleserlichen Handschrift abgelehnt. Fürs Erste halfen ihm Unterstützungsleistungen des Flüchtlingskomitees, Kleinkredite von Freunden, Wechsel und »anschreiben« bei Geschäftsleuten. Um von diesen Schulden wieder loszukommen und seine »Geldaffären zu regeln«, setzte Marx seine Hoffnung auf seinen Onkel Lion Philips, der im holländischen Städtchen Zaltbommel am Waal, dem Mündungsfluss des Rheins, ein Handelsgeschäft betrieb, aus dem später der bekannte Weltkonzern für Elektro- und Elektronikgeräte hervorgegangen ist (»Nimm doch Philips!«). Eigentlich wollte er selbst zu ihm reisen, dann erschien es ihm aber taktisch klüger, an das weiche Herz seines Onkels zu appellieren und dafür seine sichtbar schwangere Frau mit der Mission zu betrauen. Er ahnte wohl zu Recht, dass sein Engagement für die Revolution dem Onkel ein Grauen war. Schließlich hatten auch dessen Geschäfte in den Jahren 1848/49 darunter gelitten. Philips gab sich freundlich, blieb aber unzugänglich. Als Jenny andeutete, zur Not müssten sie nach Amerika auswandern, fand er, das sei doch eine ganz vernünftige Idee. »Ich fürchte, teurer Karl, ich kehre ganz resultatlos, ganz getäuscht, zerrissen, in Todesangst gefoltert wieder zu Dir heim«, schrieb sie ihm über das Scheitern ihrer Mission. Kurze Zeit dachte Marx tatsächlich an eine Auswanderung nach New York, um dort eine Zeitschrift zu gründen, verwarf den Plan aber schnell wieder.

Hilfe kam schließlich von Engels. Der steckte seine journalistischen und politischen Ambitionen zurück und trat in die Filiale der väterlichen Baumwollspinnerei Ermen und Engels in Manchester ein. Jenny Marx schrieb an den lieben »Herrn Engels«, sie freue sich, dass er auf dem besten Weg sei, ein großer Cotton-Lord zu werden. Tatsächlich wurde Engels von seinem Vater zunächst nur als Angestellter mit einem mäßigen Gehalt beschäftigt. Nur mit Mühe gelang es ihm, das von seinem Vater festgesetzte Jahresgehalt von 150 Pfund aufzubessern, erst später wurde er Teilhaber der Firma. Um Marx zu unterstützen, musste Engels in die Portokasse greifen oder sonst unauffällig etwas von den Firmengeldern abzweigen. Das Geld, meist Fünf-Pfund-Noten, wurde in zwei Teile geschnitten und mit getrennter Post nach London geschickt, um einen Diebstahl durch Postbeamte auszuschließen. Engels war peinlich darauf bedacht, dass der Geschäftspartner seines Vaters, Peter Ermen, nichts mitbekam. Wenn nur wenig Geld in der Kasse war, vertrös-

Engels' Unterstützungszahlungen an Marx 1851–1869 in Pfund		
Jahr	Engels' Einkünfte (Mindestbeträge)	Zahlungen an Marx (wahrscheinliche Höhe)
1851	200	50
1852	100	50
1853	100	60
1854	268	60
1855	263	60
1856	508	60
1857	937	60
1858	940	60
1859	1078	60
1860/61	1704	210
1861/62	1784	144
1862/63	1869	215
1863/64	1338	280
1864/65	2320	–
1865/66	2320	215
1866/67	2320	395
1867/68	2320	245
1868/69	2920	907
	23 289	3121

1864/65 leistete Engels keine Zahlungen, da Marx von Wolff eine Erbschaft über 800 Pfund erhalten hatte. Ab 1870 hatte Engels eine Leibrente von jährlich 350 Pfund für Marx ausgesetzt.
Quelle: Friedrich Engels, Dokumente seines Lebens, hrsg. v. Manfred Kliem, Leipzig 1977

tete Engels seinen Freund. Von Zeit zu Zeit schickte Engels auch Kisten mit Wein oder Champagner. Die Lage wurde etwas besser, als Vater Engels bei einem Besuch in Manchester seinem Sohn einen Fonds »Repräsentations- und Tafelgelder« einrichtete. Später rühmte sich Engels, er habe die Hälfte des Gewinns aus dem väterlichen Unternehmen abgezweigt.

Europa-Korrespondent der ›New-York Daily Tribune‹

Ab 1852 konnte Marx auch regelmäßig etwas eigenes Geld hinzuverdienen als Europa-Korrespondent der amerikanischen Tageszeitung ›New-York Daily Tribune‹. Deren Auslandsredakteur Charles Dana hatte, vermittelt durch Ferdinand Freiligrath, 1849 Karl Marx in Köln kennengelernt und war von dessen Formulierungskunst und dem Scharfblick beeindruckt gewesen. Die ›Tribune‹ war ein radikales Blatt und mit einer Auflage von fast 200 000 Stück damals die größte Tageszeitung der Welt. Dana suchte im August 1851 in London nach einem Autor, der für seine Zeitung eine Artikelserie über Strategie und Taktik des preußischen und des österreichischen Heeres in der Zeit der Revolution von 1848/49 mit einem Kommentar über moderne Kriegführung schreiben konnte. Marx sagte sofort zu, obwohl er wenig oder besser keine Ahnung von militärischen Dingen hatte, und handelte dafür ein Honorar von einem Pfund für jeden wöchentlichen Artikel aus. Da Marx noch Schwierigkeiten hatte, englisch zu schreiben, und Engels als Militärexperte galt, weshalb er in der Familie Marx den Spitznamen General erhalten hatte, bat er ihn, diese Aufgabe zunächst für ihn zu übernehmen. Die Artikelserie erschien später sogar als selbständige Broschüre unter Marx' Namen. Dana war von den Beiträgen so angetan, dass er im Mai 1852 Marx als Europakorrespondenten der ›Tribune‹ verpflichtete. Der verbesserte sein Englisch, und am 1. Juni 1853 schrieb Engels anerkennend: »Das Englisch ist nicht nur gut, es ist brillant.«

Fortan belieferte er die Zeitung mit Beiträgen über Ereignisse, die »den Charakter einer revolutionären Krise tragen«, insgesamt wurden es etwa 500 Artikel, von denen allerdings einen Großteil Engels geschrieben hatte. Hauptquelle für Marx' journalistische Arbeiten war die Londoner ›Times‹, aber die Aufbereitung des Stoffs war seine Eigenleistung. Es tat ihm gut, wenn er in einem amerikanischen volkswirtschaftlichen Werk als »neuer britischer Verfasser« oder als der »Europa-Korrespondent der ›New-York Daily Tribune‹« zitiert wurde. Voller Stolz berichtete er in einem Artikel aus einer Debatte im britischen Unterhaus, in der ein Abgeordneter die ›Tribune‹ als journalistisch und nach Druck- und Papierqualität vorbildlich gemachtes Blatt bezeichnet hatte. Die Anerkennung war jedoch nicht uneingeschränkt. In New York ging man häufig etwas großzügig mit seinen Artikeln um. Sie wurden meist ohne Verfasserangabe gedruckt, manchmal redaktionelle Leitartikel. Zum Teil wurden die Texte etwas zurechtgestutzt oder, was Marx am härtesten traf, gar nicht gedruckt, ein Ausfallhonorar wurde nicht gezahlt. Die Lage der Familie Marx war Anfang der 1850er Jahre in mehrerlei Hinsicht prekär.

Ein Polizeispitzel berichtet: Karl Marx privat

Die anschaulichste Beschreibung der Wohnverhältnisse der Familie Marx ist in dem Bericht eines preußischen Geheimagenten enthalten, dem es gelungen war, sich Zutritt zu Marx' Wohnung in der Dean Street im Londoner Stadtteil Soho zu verschaffen: »Er wohnt in so ziemlich dem übelsten und billigsten Viertel Londons, haust dort in zwei Zimmern. In keiner Stube ein sauberes oder anständiges Möbelstück, alles ist zerbrochen, zerschlissen, zerfetzt, fingerdicker Staub klebt darauf. Manuskripte, Bücher und Zeitungen liegen kunterbunt neben Spielzeug und Fetzen aus dem Nähkorb seiner Frau, Tassen mit zerkerbten Rändern, schmutzige Löffel, Messer, Gabeln, Lampen, ein Tintenfass, Bierseidel, Pfeifen, Asche – alles in wüstem Durcheinander auf demselben Tisch. Beim Betreten des Raumes beißen Rauch und Tabakschwaden dermaßen in den Augen, dass man zuerst wie in einer Höhle vorwärtstappen muss, bis man sich daran gewöhnt hat und den einen oder anderen Gegenstand im Dunst erkennt. Sich hinzusetzen, ist nicht ungefährlich. Hier steht ein Stuhl nur auf drei Beinen, dort ein anderer, der heil zu sein scheint, auf dem aber die Kinder Kochen spielen. Dieser wird dem Besucher angeboten, aber das Spielzeug der Kinder wird nicht entfernt, sodass man seine Hosen riskiert, wenn man wagt, sich zu setzen. Aber diese Dinge stören weder Marx noch seine Frau. Man wird aufs Herzlichste empfangen, eine Pfeife, Tabak und was sonst noch vorhanden ist, wird freundschaftlich angeboten. Und schon entwickelt sich eine kluge und anregende Unterhaltung, die für alle häuslichen Misslichkeiten entschädigt und die Unbequemlichkeit erträglich macht.« Diese Schilderung zeigt die Familie Marx als Bohemiens, doch das waren sie keineswegs. Ein Großteil der häuslichen Misere rührte gerade daher, dass sie stets bemüht waren, nach außen den Anschein einer gutbürgerlichen Existenz zu erzeugen. Sie hätten mit den Zuwendungen von Engels, den Geschenken von Freunden und den Erbschaften eine auskömmliche kleinbürgerliche Existenz führen können. Doch sowohl Karl als auch Jenny kamen aus gutbürgerlichen Haushalten, Jenny kokettierte sogar mit ihrer adligen Herkunft, indem sie sich Visitenkarten drucken ließ, auf denen nach ihrem Namen »née Baronesse Westphalen« zu lesen stand. Und diesen von Trier her vertrauten Lebenszuschnitt wollten sie auch beibehalten. Das führte zu den misslichen Verhältnissen. Wenn Geld da war, wurde großzügig eingekauft, wurden neue Kleider für die Töchter angeschafft und in Urlaub gefahren. Doch wenn das Geld knapp war, wurde alles im Pfandhaus versetzt, was nicht niet- und nagelfest war. Bisweilen waren Marx' sämtliche Anzüge versetzt, sodass er das Haus nicht verlassen konnte. Die Familie konnte ihren Hunger dann bestenfalls mit Kartoffeln stillen, weil für mehr das Geld fehlte bzw. der Kredit bei Bäcker, Fleischer oder Lebensmittelhändler so weit überzogen war, das die nicht mehr liefern wollten. Die unzureichende Ernährung dürfte auch ein maßgeblicher Grund für den schlechten Gesundheitszustand der Familie gewesen sein. Zu den Aufgaben der Kinder gehörte es gelegentlich, drängende Gläubiger an der Haustür mit den Worten abzuwimmeln: »Mr Marx is not here.«

Zu dem Aufwand, den sich Marx leisten zu müssen glaubte, gehörte auch die Anstellung eines eigenen Sekretärs. Mit Wilhelm Pieper hatte sich Marx einen Mitarbeiter gewählt, von dem man eigentlich nur sagen konnte, dass er ein Überflieger war, der sich durch keine positiven Eigenschaften auszeichnete. Zudem war sein Englisch so schlecht, dass er Marx' Artikel allenfalls abschreiben, aber nicht ordentlich übersetzen konnte. Zwischendurch versuchte er sich als Journalist, Korrektor, Kommunalbeamter oder Privatlehrer, flog aber immer wieder aus seiner Stellung und kehrte zur Familie Marx in die Dean Street zurück. Dort teilte er dann mit Marx ein Bett, während Jenny mit den Kindern und dem guten Hausgeist Lenchen Demuth in dem anderen Zimmer nächtigte.

»Misère ringsum«, schwierige Familienverhältnisse

Ein Marx-Biograf stellte die Frage, wie es unter den beengten Wohnverhältnissen möglich war, dass dort Kinder gezeugt werden konnten. In den ersten 14 Jahren der Ehe kam es zu sieben Schwangerschaften. Der 1849 geborene Sohn Guido

Lebensdaten der Kinder von Karl und Jenny Marx	
Jenny Longuet (geb. Marx) 1844–1883	Franziska Marx 1851–1852
Edgar Marx (»Musch«) 1847–1855	Laura Lafargue (geb. Marx) 1854–1911
Heinrich Guido (Föxchen) Marx 1849–1850	Eleanor (»Tussy«) Marx 1855–1898

21 Mary Burns, die Lebensgefährtin von Friedrich Engels

starb mit einem Jahr, seine zwei Jahre später geborene Schwester Franziska ebenfalls einjährig, der als zweites Kind 1846 geborene Sohn Edgar starb mit neun Jahren an Tuberkulose. Der aufgeweckte Knabe war das Licht in der Finsternis des Alltags in der Dean Street. Die Trauer des Vaters war so groß, dass sich Wilhelm Liebknecht bei der Beerdigung dicht neben ihn stellte, weil er befürchtete, der Vater könnte beim Herablassen des Sarges ins offene Grab springen. Er hat den Tod dieses Sohnes nie verwunden und sprach später häufig von seinem tragischen Verlust. Beim Tode der Tochter Franziska herrschte gerade wieder bittere Not in der Familie, sodass nur durch die Unterstützung eines französischen Flüchtlings das Geld für den Kauf eines Sarges und die Bestattungskosten aufgebracht werden konnte. Das 1857 geborene siebente Kind verstarb bereits während der Geburt. Den Eltern blieben also die drei Töchter Jenny, Laura und Eleanor. Eine Debatte über Familienplanung, in England Mitte des 19. Jahrhunderts durchaus ein Thema der öffentlichen Diskussion, scheint es im Hause Marx nicht gegeben zu haben. Marx und seine Frau werden von allen Zeitgenossen als ein Ehepaar mit glücklichem Familienleben geschildert. Aber in Zeiten der Not konnte Frau Jenny ihrem Mann an den Kopf werfen, am liebsten wäre sie tot und mit ihren

Kindern im Grabe. Und Marx schrieb seinem Freund Engels dann auf Lateinisch, glücklich sei der, der keine Familie habe. Engels hätte das Wort auch auf sich beziehen können, doch er ging nicht darauf ein, denn zwischen den beiden Freunden gab es zwar manche Klatschgeschichte über Dritte, aber keine offene Debatte über die Fragen von Ehe und Familie. Engels führte eine Art Doppelexistenz. Sein Vater hatte ihm aufgegeben, eine respektable Wohnung anzumieten, in der er Geschäftsfreunde empfangen konnte, er unterhielt ein Reitpferd und nahm an Parforcejagden teil. Für die Art Familienleben, die er aus seinem pietistischen Elternhaus in Barmen kannte, hatte Engels nichts übrig. Dafür unterhielt er eine Zweitwohnung für seine Lebensgefährtin Mary Burns und deren Schwester Lissy, Kinder gab es nicht. Engels war durchaus ein Anhänger sexueller Aufklärung, Leute sollten sich darüber Rechenschaft ablegen, was sie nachts unter der Bettdecke machten, schrieb er später. Für Jenny Marx waren Engels' Lebensverhältnisse einfach unsittlich, und sie weigerte sich, Mary Burns vorgestellt zu werden. Sie begann ihre Briefe nach Manchester mit »Lieber Herr Engels«. Auch Marx richtete brieflich allenfalls Grüße an die Ladies aus.

Manche Episoden im Leben der Eheleute Marx erinnern an einen schlechten Familienroman. Die miserablen Lebensverhältnisse in London im Jahre 1850 stellten für Jenny eine schwere psychische Belastung dar, Karl tröstete sich derweil mit der Hausangestellten Lenchen Demuth. Im Sommer 1851 bahnte sich eine familiäre Katastrophe an, als sichtbar wurde, dass deren Niederkunft bevorstand. Der Briefwechsel mit Engels ist in dieser Zeit für zwei Monate unterbrochen. Marx hatte das Bild einer Scheidung von seiner geliebten Frau Jenny vor Augen, als er Engels um Hilfe anflehte. Engels erklärte sich bereit, die Vaterschaft für den am 23. Juni 1851 geborenen Sohn Frederick Demuth zu übernehmen, nachdem sich die Mutter zunächst standhaft geweigert hatte, den Vater des Kindes zu benennen. Der Sohn wurde bald nach der Geburt zu Pflegeeltern gegeben. Er lebte als gelernter Dreher in London und gehörte später zu den Mitbegründern der Labour Party. Bis zu seinem Tode 1929 hat er nie erfahren, wer sein wahrer Vater gewesen ist. Nur wenige Freunde waren eingeweiht und bemüht, die Sache geheim zu halten, um das Ansehen des später hochverehrten Gründervaters der sozialistischen Bewegung nicht herabzusetzen. Erst auf dem Sterbebett bekannte sich Engels zu der Notlüge, falls er der Verantwortungslosigkeit gegenüber seinem Sohn geziehen werden sollte.

Im Kampf mit der preußischen Polizei – der Kölner Kommunistenprozess 1852

Der häusliche Trouble schuf keine guten Bedingungen für die Arbeit an dem großen ökonomischen Werk, das Marx in London schreiben wollte. Der einzige Vorteil, den Marx aus seiner Promotion zog, war, dass ihm im Juni 1850 ohne Weiteres eine Dauerkarte für die Benutzung des Lesesaals des britischen Museums ausgestellt wurde. »Mein Mann schlägt die Zeit mit einem Besuch im britischen Museum tot«, schrieb Jenny Marx etwas flapsig an Engels. Sekretär Pieper fügte einem Brief an Engels die Nachschrift an: »Lieber Engels, ich muss Dir in Eile mitteilen, dass M. höchst entrüstet ist über Dein gänzliches Stillschweigen zu seiner neuen Theorie der Grundrente, welche er Dir neulich geschrieben. M. lebt sehr zurückgezogen, seine einzigen Freunde sind John Stuart Mill, Lloyd, und wenn man zu ihm kommt, wird man, statt mit Komplimenten, mit ökonomischen Kategorien empfangen.«

Aber nebenher wurde Marx doch durch seine politischen Aktivitäten in Anspruch genommen. Nach Beginn der Revolution in Deutschland im März 1848 hatte der Bund der Kommunisten gleichsam geruht. In London beteiligte sich Marx lebhaft an seiner Reaktivierung. Doch bald bildeten sich zwei Fraktionen heraus. Die eine Gruppe um den ehemaligen Redakteur der ›Neuen Rheinischen Zeitung‹ Karl Schapper und den früheren Offizier August Willich wollte

Geld sammeln und dann schnell eine deutsche Revolution
auslösen. Marx und seine Anhänger hielten diesen Akti-
vismus für selbstmörderisch, an eine Revolution sei erst in
einer Krise zu denken, und die Kommunisten müssten sich
erst als Partei des Proletariats formieren. Der Konflikt wurde
entschärft, indem die Zentralbehörde nach Köln verlegt
wurde und in London zwei Gemeinden bestanden, die sich
möglichst aus dem Wege gingen. Die preußische politische
Polizei verfolgte derweil das Treiben der Kommunisten in
London mit großem Eifer, für sie blieb Marx die Zentralfigur.
Marx war kein guter Menschenkenner, bei der Aufnahme
neuer Mitglieder in den Bund verließ er sich auf die Phreno-
logie, eine in der Mitte des 19. Jahrhunderts als modern geltende Pseudowissenschaft, nach der sich durch das Abtasten
des Kopfes angeblich bestimmte Charaktereigenschaften des
Probanden feststellen ließen. Wilhelm Liebknecht hat beschrieben, wie er beim Parteiexamen für den Bund nicht nur
Marx' Fragen beantworten, sondern sich durch den Phreno-
logen Karl Pfänder den Kopf befingern lassen musste. Dafür
gelang es dem späteren Chef der preußischen politischen Polizei, Polizeirat Dr. Wilhelm Stieber, sich unter falschem Namen Marx' Vertrauen zu erschleichen, um ein ausführliches
Gespräch über den Bund mit ihm zu führen. Später meinten
Marx und Engels immer die unsichtbare Hand Stiebers zu
spüren, wenn Siegel erbrochen waren, Briefe nicht ankamen
oder sonst irgendeine verdeckte Sozialistenverfolgungsak-
tion zu spüren war. Stieber hatte schon als Referendar während seiner Ausbildung angefangen, nebenher als Polizeispitzel unter falschem Namen zu wirken. Andere Polizeichefs
wie Joseph Fouché waren schillernde Persönlichkeiten, die
sich im großen Spiel versuchten und Romanvorlagen abga-
ben. Stieber blieb stets der eifrige, beschränkte, preußische
Beamte, der nur ein Ziel kannte: kommunistische Verschwö-
rungen aufzudecken. Im Frühjahr 1851 erhielt er sogar vom
König direkt den Auftrag, Marx in London zu bespitzeln
und eine Verbindung zwischen ihm und einem Attentatsversuch herzustellen. Stieber reiste also angeblich aus Anlass

der Weltausstellung nach London, und ihm gelang es, sich den Zutritt zu einer Versammlung des Kommunistenbundes zu verschaffen, auf der auch Marx sprach. Am Folgetag stellte er sich bei Marx privat als der linke Journalist Schmidt vor, der nach London gekommen sei, um über den Bund der Kommunisten zu berichten. Später fand Marx heraus, dass die preußische Polizei gleich eine ganze Reihe von Spitzeln mit Ausweisen, die auf den Namen Schmidt ausgestellt waren, ausgestattet hatte.

Stieber beschreibt Marx als einen »untersetzten Mann mittleren Alters in abgeschabtem Rock mit steifer Hemdbrust und wallendem schwarzen Haupt- und Barthaar, vom Aussehen eines Universitätsprofessors. Das einzig Auffallende an ihm waren sein durchdringender Blick unter ungewöhnlich hoher Stirn, ferner eine lose wehende Halsschleife, wie sie Künstler, Maler etc. zu tragen pflegen, dazu ein blitzendes Einauge (Monocle), das er in die rechte Augenhöhle eingeklemmt trug«. Nachdem Stieber ein Exemplar des Programms des Bundes erhalten und erfahren hatte, dass sich das zentrale Mitgliederverzeichnis bei Oswald Dietz, dem Präsidenten des Sozial-demokratischen Flüchtlingskomitees befand, wollte er gehen. Beim Aufbruch hakte Marx noch einmal nach, für welches Blatt er arbeite. Stiebers Antwort war ausweichend, er sei eigentlich Arzt, den man wegen seiner revolutionären Gesinnung von der Universität verwiesen habe. Darauf Marx, nach dem Bericht Stiebers: »›Arzt sind Sie also? Dann sagen Sie mir doch, welche wirksame Arznei gibt es gegen Hämorrhoidial-Schmerz?‹ Ich glaubte zunächst, mich verhört zu haben, doch Marx erklärte mir ungeniert, er leide fast unausstehlich an dieser Erkrankung, die ihm das Sitzen bei seinen Schreibarbeiten seit Jahren derart zur Qual mache, dass er nur noch im Stehen arbeiten könne.«

Marx ahnte nicht, dass er mit dem Hinweis auf Dietz dem falschen Arzt zunächst einen guten Tipp für einen Einbruch geliefert hatte. Der Attentatsversuch eines reaktionären Spinners auf Friedrich Wilhelm IV. war für Stieber Anlass, eine Verbindung zwischen dem Attentat und dem Kommunistenbund zu konstruieren. Zunächst schickte er seinen Londonbericht mit der Überschrift »Königsmord wird offiziell verkündet und diskutiert« nach Berlin. Darin heißt es, Marx habe verkündet, auf jedes gekrönte Haupt warte die Guillotine, also auch auf die britische Königin, »der entscheidende Augenblick sei nahe und man treffe wirksame Maßnahmen, damit kein einziger der Gekrönten dem Henker entkomme«. Der preußische Innenminister von Westphalen, Jennys Halbbruder, schickte den Bericht an die britische Regierung. Als sich der österreichische Gesandte beim britischen Innenministerium beschwerte, dass sie nichts gegen die kommunistischen Königsmörder unternehme, antwortete Innenminister Sir George Grey herablassend: »Solange Diskussionen über Königsmord nicht die Königin von England betreffen und kein konkreter Plan vorliegt, bieten sie nach unserem Recht keinen ausreichenden Anlass, die Verschwörer festzunehmen.« Vermutlich war die Regierung durch eigene Informanten darüber unterrichtet, dass Marx im Gegenteil vor revolutionärer Betriebsamkeit gewarnt und seine Genossen auf die Zeit einer großen Wirtschaftskrise verwiesen hatte. Dennoch führte die preußische Intervention zu einer Unterhausdebatte über die Staatsgefährdung durch Emigranten und zur Verschärfung des Ausländergesetzes. Um nicht ausgewiesen oder in die Kolonien abgeschoben zu werden, ver-

Dr. Marx. Lebt fort in seinem kommunistischen Schmutz, hält alle Woche seine Vorlesungen über die erbärmlichen Anordnungen des »Mein« und »Dein« und hetzt unermüdet. Agitiert in den Kreisen der schmutzigen Handwerker gegen Gott, die bestehende Ordnung und die Reichen – ist aber deshalb nicht gefährlich, weil sein System jedem besser fühlenden zum Ekel sein muss und sich die Gesellschaft, sei sie auch was immer für einer politischen Ansicht ergeben, doch gewiß stets gegen das Ansinnen des Marx mit aller Kraft verteidigen wird.

Bericht eines Polizeiagenten. Anlage B zum Protokoll der 8. Polizeikonferenz 1854 in Karlsruhe, Dokumente aus geheimen Archiven Bd. 5, Weimar 1993

wahrten sich Marx und Engels gegen die Verleumdungen
Stiebers in einer in der liberalen Wochenzeitung ›The Specta-
tor‹ abgedruckten öffentlichen Erklärung ›Preußische Spio-
ne in London‹. Doch dann ging im Mai 1851 der im Auftrag
der Kölner Zentrale des Bundes durch die deutschen Staaten
reisende Schneidergeselle Peter Nothjung der sächsischen
Polizei in Leipzig ins Netz. Bei ihm fand sie einige Exemplare des ›Kommunistischen Manifests‹, mehrere Erklärun-
gen des Bundes, ein Exemplar der Statuten und auch eine
Liste der deutschen Mitglieder, darunter zehn aus der Kölner Zentrale. Es folgten zahlreiche Verhaftungen und Haus-
durchsuchungen. Als die Kölner Staatsanwaltschaft nach
sechsmonatigen Ermittlungen eine dürftige Anklageschrift
wegen Hochverrats einreichte, entschied der Anklagesenat
des Kölner Appellationsgerichtshofs, die Anklage nicht zu-
zulassen, weil die angeblichen Handlungen nicht den Tatbestand des Hochverrats erfüllten. Doch die Untersuchungs-
haft blieb bestehen, weil die Staatsanwaltschaft die Vorlage
weiteren Materials angekündigt hatte. Durch Einbruch bei
einem Anhänger Willichs hatte die preußische Polizei fast
das gesamte Material der Fraktion Willich/Schapper des
Bundes an sich gebracht. Stieber machte sich jetzt, assistiert
von einem früheren Bundesmitglied, daran, ein fiktives Pro-
tokollbuch des Bundes zu produzieren und weitere Dokumente zu fälschen, die beweisen sollten, dass die Kommunisten mit Marx an der Spitze die Hauptverantwortlichen für
die Revolution von 1848/49 gewesen seien und erneut einen
gewaltsamen Umsturz vorbereiteten. Marx organisierte in
London ein Hilfskomitee, das Geld für die Untersuchungs-
häftlinge sammeln, eine Protestkampagne gegen die Verhaftung lancieren und vor allem Beweismittel gegen die
Fälschungen Stiebers zusammentragen sollte. Jenny Marx
schrieb an einen Freund der Familie:»Das Ganze ist jetzt ein
Kampf zwischen der Polizei einerseits und meinem Mann
andererseits, dem man alles, die ganze Revolution, selbst die
Leitung des Prozesses in die Schuhe schiebt. Bei uns ist jetzt
ein ganzes Büro etabliert. Zwei, drei schreiben, andere lau-

fen, die anderen schrappen die Pennies zusammen, damit die Schreiber fortexistieren und Beweise des unerhörtesten Skandals gegen die alte offizielle Welt beibringen können. Dazwischen singen und pfeifen meine drei Kinder und werden oft hart angeraunzt von ihrem Herrn Papa.« Marx zeigte sich hier wie bei den früheren Presseprozessen in Köln als hervorragender Kenner des Strafrechts und des Strafprozessrechts. Es gelang ihm mit großem kriminalistischem Spürsinn, alle Fälschungen zu entlarven. Der Prozess am 4. April 1852 begann mit der Verlesung der Anklage, »ein Komplott gestiftet zu haben, dessen Zweck war, die Staatsverfassung umzustürzen und die Bürger und Einwohner gegen die königliche Gewalt und gegeneinander zur Erregung eines Bürgerkrieges zu bewaffnen.« Während der Beweiserhebung konnte die Verteidigung nachweisen, dass ein Großteil der vorgelegten Dokumente gefälscht war und viele der behaupteten Sitzungen nicht oder nicht zu den angegebenen Terminen stattgefunden hatten. Auch der Versuch, die Pläne der Fraktion Willich/Schapper als Aktionsprogramm des ganzen Bundes unter Leitung von Marx auszugeben, konnte von der Verteidigung zerpflückt werden. Das Gericht sah die reine Propaganda oder den einfachen Besitz des ›Kommunistischen Manifests‹ nicht als Straftat an. Doch nach fünf Wochen Prozessdauer sprachen die Geschworenen am 12. November 1852 die meisten der Angeklagten schuldig. Die Strafen lauteten auf drei bis sechs Jahre Festungshaft. Fünf Tage später erklärte sich der Bund der Kommunisten in London auf Marx' Antrag für aufgelöst, weil er »nicht mehr zeitgemäß« sei. Marx verwandte die nächsten zwei Monate darauf, aus den von ihm gesammelten Unterlagen eine Broschüre zusammenzustellen, die die gesamte Niedertracht der polizeilichen Lügen und den dokumentarischen Nachweis der Fälscherpraktiken enthielt. In einer am 29. November 1852 von der Londoner Tageszeitung ›The Morning Advertiser‹ abgedruckten Presserklärung hielt Marx den Geschworenen zumindest zugute, dass der Prozess eine derartige Dimension eingenommen habe, dass ein Freispruch einer Verurteilung der Regierung gleichgekommen wäre und in der Rheinprovinz die Aufhebung der gesamten Einrichtung der Geschworenengerichte zur Folge gehabt hätte. Die Broschüre ›Enthüllungen über den Kommunistenprozess zu Köln‹ wurde an zwei Orten gedruckt. Die Auflage der in der Schweiz gedruckten Ausgabe betrug 2000 Exemplare. Beim Versuch, die Schriften nach Deutschland zu schmuggeln, wurde fast die gesamte Menge in einem badischen Grenzdorf von der Polizei entdeckt, beschlagnahmt und anschließend vernichtet. Von der in Boston in kleiner Auflage erschienenen Ausgabe gelangten nur wenige Exemplare nach Deutschland.

»Zum Teufel mit den Briten«. Engagement in britischer Politik

Wesentlich erfolgreicher war Marx mit der Mehrfachverwertung einer Artikelserie über bzw. gegen den britischen Außenminister und späteren Premier Lord Palmerston. Marx hatte schon in seinen Artikeln in der ›Neuen Rheinischen Zeitung‹ immer wieder darauf hingewiesen, dass Russland die reaktionärste Macht Europas sei, und sogar einen Angriffskrieg gegen Russland befürwortet. In London attakkierte der schottische Unterhausabgeordnete David Urquhart, ein romantisch veranlagter Konservativer, den Außenminister Lord Palmerston mit der Behauptung, er habe sich seit Jahrzehnten an Russland verkauft. Marx ging dem nach und studierte im British Museum Parlamentsdebatten und die Blaubücher des Foreign Office der letzten Jahrzehnte. Die schwächliche Haltung der britischen Regierung gegenüber der zaristischen Unterdrückungspolitik in Polen bestärkte Marx in der Ansicht, Urquhart liege mit seinen Attacken richtig. Auf dieser Linie lagen denn auch acht Artikel, die er im Herbst 1853 für die ›New-York Daily Tribune‹ schrieb. Das Blatt brachte die Beiträge jedoch nicht sofort, sondern erst später einige ohne Namensnennung gekürzt als Leitartikel und einen gar nicht. Da traf es sich gut, dass Ernest Jones, einer der wenigen Engländer, denen Marx ein revolutionäres Engagement zutraute, unlängst eine Zeitung gegründet hatte, ›The People's Paper‹. Jones hatte schon 1847 am zweiten Kongress des Bundes der Kommunisten teilgenommen. Die neue Zeitung druckte alle acht Artikel sofort ab, und ein Verleger druckte sie in seiner Serie ›Political Fly Sheets‹ nach. Nach einem Treffen mit Urquhart Anfang Februar 1854 meinte Marx, der sei doch ein seltsamer Heiliger, dessen Argumentations- und Sprechweise eher komisch wirkten und an eine »theatralische Exhibition« erinnerten. Da Marx weiter in Geldnöten war, konnte er einem Angebot Urquharts nicht widerstehen, für seine Zeitschrift ›The Free Press‹ eine Serie über das geheime Zusammenwirken der Kabinette in St. Petersburg und London seit den Tagen Peters des Großen zu schreiben, die ›Enthüllungen zur Geschichte der Diplomatie im 18. Jahrhundert‹. Den Plan, daraus noch eine selbstständige Veröffentlichung zu machen, hat Marx später aufgegeben. Wohl mit Rücksicht auf den russischen Nationalstolz wurden die Aufsätze nicht in die sowjetische Ausgabe der Werke von Marx und Engels aufgenommen. Später war Marx der reaktionäre Exzentriker und Russenhasser Urquhart doch zu peinlich, und er wollte mit ihm nichts mehr zu tun haben.

Ähnlich erging es Ernest Jones. Anfangs hatten Marx und Engels große Hoffnungen in ihn und seine von britischen Handwerkern und Arbeitern getragene Chartistenbewegung gesetzt. Diese hatte 1838 in der Charta sechs Grundforderungen erhoben, darunter die nach allgemeinem gleichem Wahlrecht, unabhängig von einem Vermögensnachweis. Zur Durchsetzung ihrer Forderungen hatten die Chartisten sogar einen großen Streik organisiert und für eine Petition an das Unterhaus über drei Millionen Unterschriften gesammelt. Doch als sie ihre Hoffnungen auf ein Bündnis mit bürgerlichen Radikalen setzten, waren sie für Marx und Engels erledigt. »Die Geschichte mit Jones ist sehr ekelhaft«, schrieb Engels im Oktober 1858 an Marx, »er hat hier ein Meeting abgehalten und ganz im Sinne der neuen Allianz gesprochen.

Nach dieser Geschichte sollte man wirklich fast glauben, dass die englische Proletarierbewegung in der alttraditionell-chartistischen Form ganz zugrunde gehen muss, ehe sie sich in einer neuen, lebensfähigen Form entwickeln kann.« Marx, der die Wertschätzung eines Volkes danach bemaß, welche Qualifikation es für die von ihm erwartete Revolution zeigte, urteilte am Ende seines Lebens kurz und bündig: »Zum Teufel mit den Briten!«

»Wenn Karell Kapital gemacht hätte, statt ›Das Kapital‹ zu schreiben«. Das große Werk

Mehrere Erbschaften hatten es der Familie Marx ermöglicht, aus der dumpfen Zwei-Zimmer-Wohnung in Soho auszuziehen und ein neues Reihenhaus im Norden Londons in Kentish Town, Grafton Terrace 9, anzumieten. Die Gegend war allerdings ein Erschließungsgebiet, in dem es noch keine befestigten Straßen und keine Beleuchtung gab, und bei Regen verwandelte sich das Areal in eine Schlammwüste. Marx hatte die letzten Jahre hindurch die ›New-York Daily Tribune‹ mit Berichten über englische und europäische Politik versorgt, doch jetzt konzentrierte sich das Blatt stärker auf die amerikanische Innenpolitik und wollte von ihm nur noch einen Artikel pro Woche haben. Als Ersatz vermittelte ihm Redakteur Dana die Mitarbeit an der auf 16 Bände angelegten ›The New American Cyclopaedia‹. Einen Großteil der Artikel, besonders die militärischen, musste wieder Engels übernehmen, denn 1857 schien ein Bankencrash in mehreren Hauptstädten *die* große Wirtschaftskrise anzukündigen, und da wollte Marx rechtzeitig mit seinem großen ökonomischen Werk die Ursachen analysieren und dem Proletariat den Weg zeigen. Stand Europa nicht vor dem Ausbruch *der* großen Revolution?

Am 8. Dezember 1867 bedankte sich Marx bei Engels für dessen jüngsten Krisenbericht aus Manchester und schloss: »Ich arbeite wie toll die Nächte durch an einer Zusammenfassung meiner Ökonomischen Studien, damit ich wenigstens die Grundrisse im Klaren habe bevor dem déluge.«

Drohende Abgabetermine wirkten geradezu lähmend auf Marx' schriftstellerische Produktivität. Die Aussicht auf das Herannahen einer Revolution wirkte dagegen wie eine Arbeitsdroge. Ehefrau Jenny schwärmte, ihr Mann habe seine frühere Arbeitsfähigkeit und Leichtigkeit wiedererlangt und auch die Frische und Heiterkeit des Geistes.

Ein genialischer Entwurf: ›Grundrisse der Kritik der politischen Ökonomie‹

Binnen eines halben Jahres verfasste er ein etwa 800 Seiten starkes Manuskript. Der Text war nicht zum Druck bestimmt, sondern eine Ausarbeitung zur eigenen Selbstverständigung. Am 2. April 1858 schrieb Marx frohgemut an Engels: »Folgendes ist short outline of the first part. Die ganze Scheiße soll zerfallen in sechs Bücher: 1. Vom Kapital. 2. Grundeigentum. 3. Lohnarbeit. 4. Staat. 5. Internationaler Handel. 6. Weltmarkt.« Dann erläuterte er auf vier Seiten die outline für das erste Kapitel über Kapital, Wert und Geld. Engels meinte zwar, der Text »is a very abstract abstract indeed«, da »all abstract reasoning mir fremd geworden ist«. Aber dann fügte er aufmunternd hinzu, das Konzept könne gar nicht besser sein und gefiele ihm ausnehmend. Eigentlich hätte Engels, der die chaotische Arbeitsweise seines Freundes nur zu gut kannte, antworten müssen, dass das Projekt viel zu umfangreich sei. Marx hat sich mit seiner Arbeitsweise, gewaltige Mengen von Exzerpten herzustellen und daraus Entwürfe oder Teile eines größeren Werkes zu schreiben, später die Charakterisierung als einer der »größten Fragmentisten der Geistesgeschichte« eingehandelt. Von den geplanten sechs Büchern erschien zu Marx' Lebzeiten nur Band 1, ›Das Kapital‹, und auch das war nur ein Bruchteil, denn der spätere Plan sah die Ausweitung auf vier Teilbände vor. Die Folgebände sind dann später aus dem Nachlass herausgegeben worden. Die »Grundrisse« bilden gewissermaßen das Verbindungsstück zwischen den ›Ökonomisch-philosophischen Manuskripten‹ von 1843/44 und dem ›Kapital‹ von 1867. Marx hat die Grundrisse später abwertend als Kraut und Rüben bezeichnet. Tatsächlich basieren alle ökonomischen Texte und Ausarbeitungen von ihm aus der Zeit nach 1858 auf den hier abgehandelten Themenkomplexen Geld, Kapital, Produktionsprozess, Mehrwert, Arbeit, Entfremdung oder Dialektik. Der Text enthält große ausgearbeitete Abschnitte, Exkurse, Literaturexzerpte sowie

Stichworte und Quellenhinweise. Die ›Grundrisse‹ wurden erst 1939 und 1941 in zwei Teilen in Moskau veröffentlicht und 1953 geschlossen in Ost-Berlin. Sie zeugen, wie auch die inzwischen zugänglichen Exzerpt-Bände, von Marx' Forschungseifer und seinem Gedankenreichtum. Es verwundert allerdings, dass Marx nur beiläufig und indirekt auf das Thema Revolution einging, obwohl er doch 1857 mit deren baldigem Ausbruch rechnete. Die Einleitung beginnt mit einer ausführlichen Erörterung der Methoden der politischen Ökonomie. Marx betont die Notwendigkeit, nicht vom ästhetischen Schein der kleinen oder großen Robinsonaden auszugehen, vereinzelten Fischern und Jägern, selbstständig handelnden Individuen, wie Adam Smith und David Ricardo, oder von einem imaginären »Contrat social« unabhängiger Subjekte, wie Jean-Jacques Rousseau, sondern von den gesellschaftlichen Verhältnissen, um dann vom Abstrakten zum Konkreten zu gelangen. Am Ende fügt Marx unter der Überschrift ›Produktion‹ acht Punkte auf, die nicht vergessen werden dürften. Besondere Beachtung hat später Punkt acht gefunden, in dem Marx auf die später von ihm nicht mehr thematisierte Frage von Basis und Überbau in der Kunst einging. Ästhetik war gerade ein Thema, mit dem er sich für einen dann nicht realisierten Aufsatz für die amerikanische Enzyklopädie beschäftigt hatte. Seine Frage war, wie sich in der Antike das Verhältnis zwischen den gesellschaftlichen Verhältnissen, der materiellen Basis und der Kunst als einem Überbauphänomen entwickelt habe und warum die griechische Kunst noch heute als Norm und unerreichbares Muster gelte:

Für die Veröffentlichung des geplanten großen Werks in Teillieferungen hatte er, vermittelt durch Ferdinand Lassalle, mit dem er seit den Tagen der ›Neuen Rheinischen Zeitung‹ befreundet war, einen Vertrag mit dem Berliner Verleger Franz Gustav Duncker abgeschlossen. Doch dann erlitt Marx infolge der Überarbeitung Ende März 1858 einen Zusammenbruch, sein schon früher periodisch auftretendes Gallen- und Leberleiden war wieder akut. Seine Arbeit geriet völlig ins Stocken. »Karl ist seit acht Tagen so unwohl, dass er gar nicht imstande ist zu schreiben«, so der Brief von Jenny Marx an den »lieben Herrn Engels«, »viel zur Verschlimmerung des Zustandes trägt die geistige Unruhe und Aufregung bei, die jetzt natürlich nach dem Abschluss des Kontrakts mit dem Buchhändler noch größer ist und täglich zunimmt, da es ihm rein unmöglich ist, die Arbeit zum Abschluss zu bringen.« Zu den gesundheitlichen Problemen kamen wieder die finanziellen Sorgen. Im Juli schrieb Marx seinem Freund, jetzt sei durch den Geldmangel seine Frau nervlich am Ende und er selbst durch die fruchtlosen Versuche, Geld aufzutreiben »completely disabled [zum] Arbeiten«. Dem Brief lag noch eine Aufstellung aller Zahlungsverpflichtungen bei, samt den Beträgen, die für das Auslösen der im Pfandhaus versetzten Sachen zu zahlen wären. Nach-

Bekannt, dass die griechische Mythologie nicht nur das Arsenal der griechischen Kunst, sondern ihr Boden. Ist die Anschauung der Natur und der gesellschaftlichen Verhältnisse, die der griechischen Phantasie und daher der griechischen Mythologie zugrunde liegt, möglich mit selfactors und Eisenbahnen und Lokomotiven und elektrischen Telegraphen? Wo bleibt Vulkan gegen Roberts et Co., Jupiter gegen den Blitzableiter und Hermes gegen den Crédit mobilier? Alle Mythologie überwindet und beherrscht und gestaltet die Naturkräfte in der Einbildung und durch die Einbildung und verschwindet also mit der wirklichen Herrschaft über dieselben. Was wird aus der Fama neben Printinghouse square? ... Ist Achill möglich mit Pulver und Blei? Oder überhaupt die ›Ilias‹ mit der Druckerpresse und gar Druckmaschine? Hört das Singen und Sagen und die Muse mit dem Pressbengel nicht notwendig auf, also verschwinden nicht notwendige Bedingungen der epischen Poesie? Aber die Schwierigkeit liegt nicht darin, zu verstehen, dass griechische Kunst und Epos an gewisse gesellschaftliche Entwicklungsformen geknüpft sind. Die Schwierigkeit ist, dass sie uns noch Kunstgenuss gewähren und in gewisser Beziehung als Norm und unerreichbare Muster gelten.
Karl Marx: Grundrisse der Kritik der politischen Ökonomie,
1857–1858

dem Engels wieder mit einer Finanzspritze geholfen hatte, konnte im August die Arbeit am Text beginnen, und Ende Januar 1859 war das Manuskript ›Zur Kritik der Politischen Ökonomie‹ fertig zum Versand an den Drucker. Im Vorwort verweist Marx auf seinen Sechs-Bücher-Plan, beginnend mit dem ›Kapital‹. Tatsächlich kommt das Kapital aber nur in der Überschrift vor, geboten werden zwei Kapitel über Ware und Geld. »Fortsetzung folgt« hätte am Ende stehen können, denn dem Leser wird verheißen, dass er über das Kapital im Allgemeinen im Fortsetzungsband, beginnend mit Kapitel drei etwas erfahren werde. Tatsächlich ist eine direkte Fortsetzung nie erschienen. Beachtlich an dieser Schrift ist das Vorwort, in dem Marx seinen intellektuellen Werdegang vom Studium der Jurisprudenz über die Zeit als Redakteur der ›Rheinischen Zeitung‹, die Mitarbeit an den ›Deutsch-Französischen Jahrbüchern‹ und schließlich die Beschäftigung mit dem im Britischen Museum angehäuften »ungeheuren Material für die Geschichte der politischen Ökonomie« in London ausarbeitet. Außerdem formulierte Marx hier in komprimierter Form das Resultat seiner Analyse der bürgerlichen Gesellschaft, den historischen Materialismus, wie er ihn in keinem späteren Werk so präzise definiert hat: »In der gesellschaftlichen Produktion ihres Lebens gehen die Menschen bestimmte, notwendige, von ihrem Willen unabhängige Verhältnisse ein, Produktionsverhältnisse, die einer bestimmten Entwicklungsstufe ihrer materiellen Produktivkräfte entsprechen. Die Gesamtheit dieser Produktionsverhältnisse bildet die ökonomische Struktur der Gesellschaft, die reale Basis, worauf sich ein juristischer und politischer Überbau erhebt und welcher bestimmte gesellschaftliche Bewusstseinsformen entsprechen. Die Produk-

> Es ist nicht das Bewußtsein der Menschen, das ihr Sein, sondern umgekehrt ihr gesellschaftliches Sein, das ihr Bewußtsein bestimmt.
> *Karl Marx: Zur Kritik der Polititischen Ökonomie, 1859*

tionsweise des materiellen Lebens bedingt den sozialen, politischen und geistigen Lebensprozess überhaupt. Es ist nicht das Bewusstsein der Menschen, das ihr Sein, sondern umgekehrt ihr gesellschaftliches Sein, das ihr Bewusstsein bestimmt. Auf einer gewissen Stufe ihrer Entwicklung geraten die materiellen Produktivkräfte der Gesellschaft in Widerspruch mit den vorhandenen Produktionsverhältnissen oder, was nur ein juristischer Ausdruck dafür ist, mit den Eigentumsverhältnissen, innerhalb derer sie sich bisher bewegt hatten. Aus Entwicklungsformen der Produktivkräfte schlagen diese Verhältnisse in Fesseln derselben um. Es tritt dann eine Epoche sozialer Revolution ein. Mit der Veränderung der ökonomischen Grundlage wälzt sich der ganze ungeheure Überbau langsamer oder rascher um. In der Betrachtung solcher Umwälzungen muss man stets unterscheiden zwischen der materiellen, naturwissenschaftlich treu zu konstatierenden Umwälzung in den ökonomischen Produktionsbedingungen und den juristischen, politischen, religiösen, künstlerischen oder philosophischen, kurz, ideologischen Formen, worin sich die Menschen dieses Konflikts bewusst werden und ihn ausfechten. Sowenig man das, was ein Individuum ist, nach dem beurteilt, was es sich selbst dünkt, ebenso wenig kann man eine solche Umwälzungsepoche aus ihrem Bewusstsein beurteilen, sondern muss vielmehr dies Bewusstsein aus den Widersprüchen des materiellen Lebens, aus dem vorhandenen Konflikt zwischen gesellschaftlichen Produktivkräften und Produktionsverhältnissen erklären. Eine Gesellschaftsform geht nie unter, bevor alle Produktivkräfte entwickelt sind, für die sie weit genug ist, und neue, höhere Produktionsverhältnisse treten nie an die Stelle, bevor die materiellen Existenzbedingungen derselben im Schoß der alten Gesellschaft selbst ausgebrütet worden sind. Daher stellt sich die Menschheit immer nur Aufgaben, die sie lösen kann, denn genauer betrachtet wird sich stets finden, dass die Aufgabe selbst nur entspringt, wo die materiellen Bedingungen ihrer Lösung schon vorhanden oder wenigstens im Prozess des Werdens begriffen sind.«

Nach einem kurzen Überblick über die gesellschaftlichen Formationen von der Antike bis zur Gegenwart kommt Marx zur der Prognose oder auch der Heilserwartung, dass die bürgerliche Gesellschaft die letzte antagonistische Form der gesellschaftlichen Lebensbedingungen gewesen sei, in deren Schoß sich bereits die materiellen Bedingungen für ihre Überwindung entwickelten, »mit dieser Gesellschaftsformation schließt daher die Vorgeschichte der menschlichen Gesellschaft ab«.

Am Ende des Vorworts betont Marx, dass seine Ansichten, so wenig sie auch mit den interessierten Vorurteilen der herrschenden Klassen übereinstimmten, das Ergebnis gewissenhafter langjähriger Forschung seien. Und er schließt mit dem Bekenntnis, über dem Eingang in die Wissenschaft müsse wie über dem Eingang in die Hölle das Wort von Dante stehen: »Hier musst du allen Zweifel ertöten, hier ziemt sich keine Zagheit fürderhin.«

Die Hoffnung auf ein Echo in Wissenschaft oder Politik trog. Jenny Marx klagte, die lange gehegten Hoffnungen auf Anerkennung der Arbeit ihres Mannes bei den Deutschen würden durch eine *conspiration de silence* zunichte. Wilhelm Liebknecht gestand offen, er sei noch nie so enttäuscht von einem Buch gewesen.

Ein überflüssiges Zwischenspiel: »Herr Vogt«

Nach seiner Ankündigung gegenüber dem Verleger wollte Marx spätestens bis Ende des Jahres den Fortsetzungsband der ›Kritik‹ liefern. Doch dann kam die Affäre Vogt dazwischen. Bei einer Versammlung hatte Marx beiläufig erfahren, dass der ehemals liberale Abgeordnete Karl Vogt, in der Emigration in der Schweiz zum Geografie-Professor aufgestiegen, Zuwendungen von Napoleon III. erhalten habe. Marx, trotz aller Distanz zur Emigrantenszene in London immer an Emigrantentratsch interessiert, gab diese Information weiter, und so gelangte sie in das Emigrantenblatt ›Das

Volk‹, eine anonyme Flugschrift, und auch in die Augsburger ›Allgemeine Zeitung‹. Vogt sah sich als Opfer einer von Marx inspirierten Kampagne und klagte gegen die Zeitung. Den Prozess verlor er zwar, aber in einer Broschüre nahm er Rache. Marx sei der große Betrüger der Arbeiter. Er sei das Haupt der sogenannten Schwefelbande, die andere Emigranten mit der Drohung, ihre geheime revolutionäre Tätigkeit zu enttarnen, erpresse. Er sei von persönlichem Ehrgeiz zerfressen. Die Einzigen, die er achte, seien bewusste Aristokraten wie sein Schwager Ferdinand von Westphalen. Die Proletarier brauche er nur, um die Aristokraten von der Herrschaft zu verdrängen. Die Genossen um ihn seien geistig weit hinter ihm zurück, und wagten sie, das einmal zu vergessen, »so stuckst er sie mit einer Unverschämtheit zurück, die eines Napoleon würdig« sei. Die Schrift erlebte drei Auflagen, die Berliner ›National-Zeitung‹ widmete ihr zwei Leitartikel, und auch der Londoner ›Daily Telegraph‹ ging darauf ein. Marx reagierte mit Verleumdungsklagen gegen die Zeitungen, beide wurden abgewiesen. Also fühlte er sich genötigt, ein Gegenpamphlet zu schreiben. Unermüdlich beschaffte er sich die Unterlagen über die Tätigkeiten Vogts, die Geschichte des Exils und fuhr für einige Zeit zu Engels nach Manchester, um die bei ihm lagernden Materialien auszuwerten. Ende November 1860 war nach einjähriger Arbeit das Manuskript fertig und Marx suchte nach einem Verleger. In Deutschland fand er keinen. Schließlich erklärte sich der Buchdrucker Alfred Petsch, der gerade in London einen

»Ans Vaterland, ans teure, schließ ich an«, ist ein sehr schöner Satz, aber ganz im Vertrauen möchte ich Dir sagen, dass Deutschland ein so schönes Land ist, dass man am besten außerhalb seiner Grenzen lebt. Ich für meinen Teil würde, wenn ich ganz frei wäre und außerdem nicht durch etwas belästigt, was Du »politisches Gewissen« nennen kannst, niemals England verlassen, um nach Deutschland zu gehen und noch weniger nach Preußen und am allerwenigsten nach diesem affreux Berlin.
Karl Marx an seine holländische Cousine Antoinette Philips 1861

deutschen Kleinverlag gründen wollte, bereit, das Werk herauszubringen. Die Vertragsbestimmungen sahen die Beteiligung von Autor und Verleger an Gewinn oder Verlust je zur Hälfte vor. Anfang Dezember wurden die ersten Exemplare ausgeliefert. Engels war begeistert, es sei die beste polemische Schrift, die er geschrieben habe, bescheinigte er seinem Freund. Auch Ehefrau Jenny, die den Text abgeschrieben, lektoriert und korrigiert hatte, lobte das Werk in höchsten Tönen. Marx selbst meinte, »Herr Vogt« werde zum europäischen Gesprächsthema werden.

In der Tat war es ein gelungener Text, und Marx stellte hier, wie in den ›Enthüllungen über den Kommunistenprozess‹, seine juristischen Kenntnisse und journalistischen Recherchefähigkeiten unter Beweis. Aber er wollte nicht sehen, dass Bücher eben auch Waren sind, die vermarktet werden müssen. Im ›Kapital‹ erläutert Marx, dass Waren nicht selbst zu Markte gehen könnten, merkt dann aber gleich eine Ausnahme an: In dem durch seine Frömmigkeit so berufenen 12. Jahrhundert hätten sich nach einem zeitgenössischen Bericht auf dem Markt von Landit nicht nur Schuhe, Stoffe, Leder und Ackergerät eingefunden, sondern auch »Frauen mit feurigem Körper«. Von London aus konnte man zwar Besprechungsexemplare versenden, aber kein deutsches Buch vermarkten. Hatte Marx anfangs noch gehofft, der Verlag werde eine zweite Auflage herausbringen, so musste er im März 1861 wie gegen seine ›Kritik‹ vom Vorjahr eine *conspiration de silence* konstatieren. Der Verlag machte Pleite, und Marx musste noch die Hälfte der Druckkosten zahlen, 25 Pfund. Insgesamt hatte die Affäre Vogt ihn über 100 Pfund gekostet, und er war mit seiner Arbeit am ›Kapital‹ weiter in Verzug geraten.

Doch ein Unglück kommt selten allein. Kaum war das Manuskript abgeschickt, da erkrankte Jenny Marx lebensgefährlich. Der Arzt Dr. Allan diagnostizierte Pocken, impfte zweimal und ordnete an, dass die Kinder wegen der Ansteckungsgefahr sofort das Haus zu verlassen hätten. Nur Marx und die getreue Lenchen Demuth, beide vorsorglich geimpft, kümmerten sich um die Kranke. »Ich lag beständig bei offenem Fenster«, schrieb Jenny Marx im Rückblick, »so dass die kalte Novemberluft mich anwehen musste. Dabei stets ein Höllenfeuer im Ofen, Eis auf den brennenden Lippen und Bordeauxwein von Zeit zu Zeit eingetropft. Schlucken konnte ich kaum mehr, das Gehör wurde stets schwächer, zuletzt schlossen sich die Augen…« Pockennarben und eine mittlere Schwerhörigkeit waren bleibende Folgen dieser Krankheit. Ein weiterer Schicksalsschlag war das Ende der Mitarbeit an der ›New-York Daily Tribune‹. Nach der Wahl Abraham Lincolns zum Präsidenten der USA verschärfte sich der Streit um die Aufhebung der Sklaverei und mündete in den amerikanischen Bürgerkrieg. Der Zeitung ging es wirtschaftlich schlechter, und sie konzentrierte sich ganz auf die amerikanische Innenpolitik. Auch die Arbeit an der Enzyklopädie wurde unterbrochen. Marx unternahm daher einen »Raubzug« durch das alte Europa, der ihn zu seinem Onkel Lion in Zaltbommel und zu seiner Mutter in Trier führte. Onkel Lion war inzwischen doch sehr angetan von den Leistungen seines Neffen als Schriftsteller und gab ihm 160 Pfund mit, von seiner Mutter erhielt er zwar nichts Bares, aber sie erließ ihm Schulden in Höhe von 1100 Talern, wie sie es in ihrem Testament eigentlich erst für den Todesfall vorgesehen hatte.

Die Waren können nicht selbst zu Markte gehn und sich nicht selbst austauschen. Wir müssen uns also nach ihren Hütern umsehen, den Warenbesitzern. Die Waren sind Dinge und daher widerstandslos gegen den Menschen. Wenn sie nicht willig, kann er Gewalt brauchen, an andren Worten sie nehmen. Im 12., durch seine Frömmigkeit so berufenen Jahrhundert, kommen unter diesen Waren oft sehr zarte Dinge vor. So zählt ein französischer Dichter jener Zeit unter den Waren, die sich auf dem Markt von Landit einfanden, neben Kleidungsstoffen, Schuhen, Leder, Ackergeräten, Häuten usw. auch »femmes folles de leurs corps (Frauen mit feurigem Körper)« auf.

Karl Marx: Das Kapital, 1867

Der zweite Anlauf 1853–1865

Seit Sommer begann Marx wieder eifrig das Britische Museum aufzusuchen und den angekündigten Folgeband ›Das Kapital im Allgemeinen‹ zu schreiben. Mit dem Verleger Duncker wollte er nichts mehr zu tun haben, da der sein Manuskript fast ein halbes Jahr habe liegen lassen. Doch der von ihm angeschriebene Brockhaus Verlag verhielt sich zurückhaltend und wollte eine Entscheidung über einen Vertrag von der Vorlage des Manuskripts abhängig machen. Zeitweilig und wieder in Geldnöten, zweifelte er an dem Sinn seines Unternehmens. »Dear boy«, schrieb er resignierend seinem Freund Engels, »es ist in der Tat, Du magst sagen, was Du willst, peinlich, dass meine misères Dir so viel bother machen! Wüsste ich nur irgendein business anzufangen! Grau, teurer Freund, ist alle Theorie, und nur das business ist grün. Ich bin leider zu spät zu dieser Einsicht gekommen.« Im Dezember 1862 schrieb er zwar dem Arzt Dr. Kugelmann, einem seiner deutschen Bewunderer, nach Hannover, der Folgeband sei praktisch abgeschlossen und müsse nur noch für den Druck fertig gemacht werden. Tatsächlich hatte Marx einen Anschlussteil für die ›Kritik der Politischen Ökonomie‹ geschrieben, aber das Ganze wuchs sich bis zum Juli 1863 zu einem so nicht veröffentlichbaren, stark theoriegeschichtlich überladenen Manuskript von 23 Heften mit einem Gesamtumfang von 200 Druckbogen aus. Marx entschied sich jetzt für einen neuen Aufbauplan für sein Werk. Es sollte nicht weiter in Fortsetzungen, sondern als Gesamtdarstellung in vier Bänden erscheinen. Für die besonders weit ausgearbeitete Auseinandersetzung mit den Theorien der politischen Ökonomie sah er den Abschlussband vier vor. Buch 1 sollte den Produktionsprozess des Kapitals, Buch 2 den Zirkulationsprozess und Buch 3 Gestaltungen des Gesamtprozesses enthalten. Dass Marx zuerst und am ausführlichsten die Geschichte der Theorie ausarbeitete, zeigt, welche Hochachtung er für die Werke der Klassiker der Nationalökonomie empfand. Für die Zeit nach 1830, diagnostizierte er 1873 im

Nachwort zur zweiten Auflage des ›Kapital‹, habe der Klassenkampf drohende Formen angenommen, »er läutete die Totenglocke der wissenschaftlichen bürgerlichen Ökonomie. Es handelte sich jetzt nicht mehr darum, ob dies oder jenes Theorem wahr sei, sondern ob es dem Kapital nützlich oder schädlich, bequem oder unbequem, ob polizeiwidrig oder nicht.«

Marx war auch mit der zweiten Langfassung seines Manuskripts unzufrieden. Er meinte, noch weitere theoretische Literatur und offizielle Berichte etwa über Kinderarbeit in England und statistische Unterlagen auswerten zu müssen. So machte er sich 1863 erneut an die Arbeit, um eine dritte Fassung zu schreiben. Die materiellen Bedingungen dafür schienen vorübergehend sogar günstig. Marx machte mehrere Erbschaften, und die Familie konnte in eine repräsentative Villa umziehen. Doch wie gewonnen, so zerronnen. Das Geld war bald aufgebraucht und eine höhere Dauerbelastung die Folge. Dazu kamen Gesundheitsprobleme. Bei ihm stellte sich seit Anfang 1863 eine langwierige Furunkulose ein. Meist begann die Krankheit im Herbst auszubrechen und erreichte dann zu Beginn des Folgejahres ihren Höhepunkt. Marx hatte oft so viele Furunkel am Körper, dass er sich nicht setzen und nicht ordentlich hinlegen konnte. Der Arzt kam häufig ins Haus und verschrieb ihm allerlei Behandlungen, darunter die Einnahme von Arsen, den Verzicht aufs Rauchen und täglich kalte Bäder. Bei einem fast faustgroßen Geschwür entschloss sich der Hausarzt Dr. Allen zu einer Operation, damit der Eiter abfließen könne. Lenchen musste ihren Herrn im Lehnstuhl festhalten, damit der Arzt seinen Eingriff vornehmen konnte. Es kam auch vor, dass er, um die Arztkosten zu sparen, selbst zum Rasiermesser griff, so sein Bericht an Engels, »und schnitt den Hund in eigener Person«. Als sich mehrere Karbunkel in der Nähe seines Penis auftaten, schrieb er das an Engels und fügte drei pornografische Gedichte eines französischen Satirikers bei, um seine »Belesenheit auch auf diesem Gebiet« mitzuteilen. Engels war der einzige Außenstehende, dem Marx so gut wie alles mitteilen konnte, was ihn bewegte. Seine ständigen Geldanforderungen rechtfertigte Marx damit, »dass wir zwei ein Compagniegeschäft betreiben, wo ich meine Zeit für den theoretischen und Parteiteil des business gebe«. Zu einer ernsthaften Krise kam es im Januar 1863 nach dem Tod von Engels' Lebensgefährtin Mary Burns. »Lieber Mohr«, schrieb Engels, »Mary ist tot. Gestern Abend legte sie sich früh zu Bett, als Lizzy sich gegen 12 schlafen legte, war sie schon tot. Ganz plötzlich … Ich kann Dir nicht sagen, wie mir zu Mute ist. Das arme Mädchen hat mich mit ihrem ganzen Herzen geliebt.« Marx reagierte mit einer kurzen Bekundung seiner Anteilnahme, um dann lang und breit über seine Finanzmisere zu klagen. Am Ende des Briefes bedauerte er, dass Mary gestorben sei statt seiner Mutter, von der es etwas zu erben gab. Engels ließ sich fast eine Woche Zeit, bevor er antwortete, alle Freunde und Philisterbekannten hätten ihm in dieser schweren Stunde mehr Anteilnahme und Freundschaft erwiesen als Marx. Der entschloss sich dann doch zu einem ehrlichen Entschuldigungsbrief, dem einzigen, den er wohl je geschrieben hat, und das Verhältnis der beiden kam wieder ins Lot.

Zu Marx' Spracheigenheiten gehört, wie bei vielen Emigranten, immer wieder englische Worte in einen deutschen Text einzuflechten: »Dear Fred, da Du Dich auf Reisen begibst, muss ich Dir mitteilen, dass ich 28. Aug. eine bill von 10 Pfund an meinen butcher zu zahlen habe und auch der landlord sehr troublesome wird. By the way, der englische Staat scheint hardpressed for money. Wenigstens waren die taxgatherers diesen month dringender als je und haben mich unerwartet ›erleichtert‹.« Diese Sprachvermischung fand sich auch in den Manuskriptfassungen seines großen Werkes und ist noch in der Endfassung spürbar. Über den Fortgang seiner Arbeiten zwischen 1863 und 1865 ist in den Briefen zwischen Marx und Engels nur selten etwas zu finden. Marx ließ seinen Freund im Unklaren darüber, welch große Probleme er beim Schaffensprozess hatte, und der traute sich auch nicht nachzufragen. Es mussten schon besondere Um-

stände eintreten, dass Marx von sich aus das Thema ansprach. So saß er Ende Juli 1865 finanziell wieder völlig auf
dem Trockenen, die im Vorjahr eingegangenen Gelder aus
den Erbschaften waren aufgebraucht und alles im Haushalt
Entbehrliche längst wieder ins Pfandhaus getragen. Er hätte
sich lieber den Daumen abhauen lassen, als diesen erneuten Bettelbrief zu schreiben, heißt es in dem Schreiben vom
31. Juli 1865. Doch dann ging er auf den Fortgang seiner Arbeit ein und teilte dem Freund mit, dass noch drei Kapitel zu
schreiben seien, um den theoretischen Teil (die ersten drei
Bücher) fertig zu machen. Er könne sich aber nicht entschließen, vor Abschluss des »artistischen Ganzen« etwas wegzu-
schicken. Engels schickte postwendend Geld und machte
sich etwas lustig über das »Kunstwerk to be«, wichtig sei
jetzt, etwas herauszubringen, und sei es auch nur ein erster
Band.

Die kleine Lösung: ›Das Kapital‹ Band I

Mit dem Hamburger Verleger Otto Meissner gab es einen
Vorvertrag, wonach das Gesamtwerk, also die Bücher 1–4, in
drei Bänden erscheinen und insgesamt nicht mehr als 60
Druckbogen umfassen sollten. Marx verwies in seinem Antwortschreiben auf die Schwierigkeiten, den Text entsprechend zu kondensieren, und versicherte: »Sonst kannst Du
Dich darauf verlassen, dass alles geschieht, um möglichst
bald zu Ende zu kommen, denn das Zeug lastet auf mir wie
ein Alp.« Als Engels seinen Freund im Februar 1866 einlud,
doch für 14 Tage nach Manchester zu kommen und möglichst viel von den Manuskriptheften mitzubringen, damit
wenigstens der erste Band fertig würde, sonst könnten die
politischen Ereignisse zur Revolution führen »und nicht
einmal ein erster Band zum Druck kommen«, gab Marx
nach, bzw. er berichtete: »Ich begann die Abschreiberei und
Stilisierung Punkt ersten Januar, und die Sache ging sehr
flott voran, da es mir natürlich Spaß macht, das Kind glatt-

zulecken nach so vielen Geburtswehen, aber dann kamen
wieder die Karbunkel …« Er wollte die Hefte aber nicht in
Manchester vorlegen und schränkte ein: »Obgleich fertig, ist
das Manuskript, riesig in seiner jetzigen Form, nicht he-
rausgebbar für irgendjemand außer mir, selbst nicht für
Dich.« Im Lauf des Jahres kam auch wieder der Wunsch,
noch weiteres Material heranzuziehen, etwa ein Werk über
die Geschichte der Landwirtschaft in England, ein Werk
über Maschinenwesen und schließlich die Blaubücher über
Kinder- und Frauenarbeit und die Wohnverhältnisse der englischen Arbeiterfamilien. Währenddessen kamen von Verleger Meissner, dem das komplette Manuskript für 1865 versprochen war, unfreundliche Briefe mit dem Tenor, wenn der
Text nicht bald einträfe, werde er den Auftrag, das ›Kapital‹
zu schreiben, einem anderen Autor übertragen. Doch am
2. April konnte Marx seinem Freund Engels schließlich mitteilen, dass das etwa 25 Druckbogen starke Werk fertig sei
und er nächste Woche nach Hamburg fahren wolle. Da gebe es nur ein Problem, die Kleidungsstücke und die Uhr
»wohnten« noch im Pfandhaus, er könne auch seine Familie
nicht *sans sou* zurücklassen. Natürlich fehlte auch das Geld
für die Fahrtkosten. »Hurra! Dieser Ausruf war irrepressibel,
als ich schwarz auf weiß las, dass der erste Band fertig ist
und Du gleich damit nach Hamburg willst«, schrieb Engels
seinem »lieben Mohr« und fügte gleich sieben halbe Pfund-
noten bei, die zweiten sollten nach Empfang des gewöhn-
lichen Telegramms folgen.

In Hamburg stellte sich heraus, dass der Druck am besten
bei der Offizin von Otto Wigand in Leipzig, wo auch zahlreiche philosophische Schriften gesetzt worden waren, erfolge.
Marx entschied sich daher, zunächst in Deutschland zu blei-

Karl hat noch viel historischen Stoff hinzugefügt, da die Deut-
schen nun mal nur an dickleibige Bücher glauben.
Jenny Marx an Bertha Markmann, 1863, in: Bert Andréas, Briefe der
Familie Marx aus den Jahren 1862 bis 1873, Hannover 1962

ben und bis zum Ende der Korrekturarbeiten auf Einladung der Familie Kugelmann in Hannover zu wohnen. Dort erreichte ihn erneut die Anfrage eines Bismarck-Mitarbeiters, ob er nicht bereit sei, seine »großen Talente im Interesse des deutschen Volkes zu verwenden«. Zu dieser Anfrage gab es kurz darauf noch eine merkwürdige Begegnung. Marx musste vorzeitig nach London zurück. Noch auf dem Schiff fragte ihn eine junge Dame, ob er ihr nicht in London den Weg zum Bahnhof North Western Station zeigen könne. Marx sagte mit dem Bemerken zu, die Station liege auf seiner Strecke, doch dann stellte sich heraus, dass der Bahnhof im entgegengesetzten Teil Londons lag und der Zug erst abends abfuhr. So kam Marx dazu, sechs Stunden mit Spazierengehen im Hyde-Park und Eisessen mit der Dame die Zeit totzuschlagen. Dabei stellte sich heraus, dass sie von Puttkammer hieß und eine Nichte Bismarcks war, die gerade aus Berlin kam. »Sie war ein munteres Mädchen, aber aristokratisch«, schrieb Marx seinem Freund Kugelmann, »und schwarzweiß bis zur Nasenspitze. Sie war nicht wenig erstaunt, als sie erfuhr, dass sie in ›rote Hände‹ gefallen sei. Ich tröstete sie jedoch, dass unser Rendezvous ohne ›Blutverlust‹ abgehen werde.«

Den ganzen Sommer über beschäftigte sich Marx mit den Korrekturen und dem Abwimmeln seiner Gläubiger. Bevor er die Bogen nach Hamburg zurücksandte, bekam sie Engels erstmals zur Begutachtung. Jetzt waren nur noch kleinere Änderungen möglich, doch Engels war voll des Lobes. Er bemerkte noch, es träfe sich gut, dass die anschaulich geschilderten Klassenkämpfe fast nur England beträfen. Sonst wäre zu befürchten, dass das Buch in Preußen nach § 100 des dortigen Strafgesetzbuches wegen Anreizung zum Klassenkampf verboten würde. Im Begleitbrief zur Weitersendung des letzten Bogens an Engels am 16. August sprach Marx seinen Dank an den Freund aus: »Also dieser Band ist fertig. Bloß Dir verdanke ich es, dass dies möglich war! Ohne Deine Aufopferung für mich konnte ich unmöglich die ungeheuren Arbeiten zu den drei Bänden machen. I embrace you, full

22 Manuskript-
seite, ›Das
Kapital‹,
zweiter Band

of thanks!« Das fertige Buch erschien im September 1867 in
einer Auflage von 1000 Exemplaren.

Das ›Kapital‹ ist eine umfassende Abhandlung über die
Entstehung, die Gesetze und die Morphologie der ökonomischen Organisation der Gesellschaft des 19. Jahrhunderts.
Produktion, Umsatz und Güterverteilung werden unter dem
Gesichtspunkt der Herrschaft des Kapitals analysiert mit
dem Ziel, diese Gesellschaftsformation zu überwinden. Die
politische Ökonomie, so der damalige Ausdruck für das
heutige Fach Volkswirtschaftslehre, ist keine Wissenschaft,
die sich mit leblosen Dingen wie Waren oder Gebrauchsgü-
tern beschäftigt, deren Erzeugung und Verteilung objektiven
Gesetzen folgt, sondern eine Gesellschaftswissenschaft, in
der es um Menschen und ihre Aktivitäten geht. Marx spricht

hier vom Fetischcharakter der Waren. Wie in primitiven Religionen würden Produkte menschlicher Einbildung als mit eigenem Leben begabte und mit dem Menschen im Verhältnis stehende selbstständige Gestalten wahrgenommen. Waren haben einen Doppelcharakter, einerseits sind sie zum Gebrauch bestimmt, haben einen Gebrauchswert, andererseits haben sie einen Tauschwert, sie sollen auf dem Markt gegen andere Waren getauscht werden.

Marx beschreibt die Entstehung des modernen Proletariats durch Übergang vom Handwerk zur Fabrik. Charakteristisch dafür sind die Trennung von Arbeiter und Produktionsmittel, die Arbeitsteilung und die Lohnarbeit. Durch den Verkauf ihrer Arbeitskraft werden Menschen zu einer Ware auf dem Markt, deren Preis wie der anderer Waren schwankt. Der Wert einer Ware wird durch die Anzahl der Arbeitsstunden bestimmt, die normalerweise ein Arbeiter für die Herstellung benötigt. Und der Wert der Arbeitskraft eines Tages bemisst sich nach den Kosten, die der Arbeiter

Das Produkt – das Eigentum des Kapitalisten – ist ein Gebrauchswert, Garn, Stiefel usw. Aber obgleich Stiefel z. B. gewissermaßen die Basis des gesellschaftlichen Fortschritts bilden und unser Kapitalist ein entschiedener Fortschrittsmann ist, fabriziert er Stiefel nicht ihrer selbst wegen. Der Gebrauchswert ist überhaupt nicht das Ding, das man um seiner selbst willen liebt in der Warenproduktion. Gebrauchswerte werden überhaupt nur produziert, weil und sofern sie materielles Substrat, Träger des Tauschwertes sind. Und unserem Kapitalisten handelt es sich um zweierlei. Erstens will er einen Gebrauchswert produzieren, der einen Tauschwert hat, einen zum Verkauf bestimmten Artikel, eine Ware. Und zweitens will er eine Ware produzieren, deren Wert höher ist als die Wertsumme der zu ihrer Produktion erheischten Waren, der Produktionsmittel und der Arbeitskraft, für die er sein gutes Geld auf dem Warenmarkt vorschoß. Er will nicht nur einen Gebrauchswert produzieren, sondern eine Ware, nicht nur Gebrauchswert, sondern Wert, und nicht nur Wert, sondern auch Mehrwert.

Karl Marx: Das Kapital, 1867

für seinen und seiner Familie Lebensunterhalt benötigt. Gewöhnlich übersteigt der Wert der Arbeit für die Herstellung einer Ware den Wert der bezahlten Arbeitskraft, und diese Differenz streicht der Arbeitgeber als Profit ein. Die für die Herstellung der Ware eingesetzten Produktionsmittel wie Rohmaterial, Hilfsstoffe und Arbeitsmittel bezeichnet er als konstantes Kapital, die eingesetzte Arbeitskraft als variables Kapital. »Der in Arbeitskraft umgesetzte Teil des Kapitals verändert dagegen seinen Wert im Produktionsprozess. Er reproduziert sein eigenes Äquivalent und darüber Mehrwert, der selbst wechseln, größer oder kleiner sein kann.« Da nur aus Arbeit Wert geschaffen wird, rührt der Mehrwert also vom Arbeiter her. Es ist dieser Mehrwert, »der den Kapitalisten mit allem Reiz einer Schöpfung aus dem Nichts anlacht«. Der Kapitalist produziert, um mehr Profit zu erwirtschaften. Das erreicht er einmal durch Ausdrehung der Arbeitszeit und den Einsatz von Frauen und Kindern. Die zweite Möglichkeit der Produktionserweiterung ist die Modernisierung und Rationalisierung der Produktion. Der Arbeiter entwertet damit seinen Einsatz. Ein Zwang zur Rationalisierung ergibt sich aus der Konkurrenz. Da Mehrwert nur aus variablem Kapital entsteht, sinkt die Profitrate bei Ansteigen des Anteils des konstanten Kapitals. Auf der Seite der Kapitalisten sinkt die Profitrate, auf der anderen Seite bildet sich eine industrielle Reservearmee aus nicht mehr benötigten Arbeitern. Der Kapitalist produziert Waren für den Profit und nicht für den Bedarf. Da es kein automatisches Gleichgewicht zwischen Angebot und Nachfrage gibt, insbesondere die Massen nicht genug Lohn erhalten, um die Waren kaufen zu können, kommt es immer wieder zu Überproduktionskrisen.

Marx hat mit dieser Analyse seine philosophische These, der Mensch schaffe seine Welt durch Arbeit, gleichsam ökonomisiert. Im 23. Kapitel des ›Kapital‹ formuliert er seine große Anklage: »Innerhalb des kapitalistischen Systems vollziehen sich alle Methoden zur Steigerung der gesellschaftlichen Produktivkraft der Arbeit auf Kosten des individuellen Arbeiters; alle Mittel zur Entwicklung der Produktion schlagen um in Beherrschungs- und Exploitationsmittel des Produzenten, verstümmeln den Arbeiter in einen Teilmenschen, entwürdigen ihn zum Anhängsel der Maschine, vernichten mit der Qual seiner Arbeit ihren Inhalt, entfremden ihn von den geistigen Potenzen des Arbeitsprozesses im selben Maße, worin Letzterem die Wissenschaft als selbstständige Potenz einverleibt wird; sie verunstalten die Bedingungen, innerhalb derer er arbeitet, unterwerfen ihn während des Arbeitsprozesses der kleinlichst gehässigen Despotie, verwandeln seine Lebenszeit in Arbeitszeit, schleudern sein Weib und sein Kind unter das Juggernaut-Rad des Kapitals. Aber alle Methoden der Akkumulation und jede Ausdehnung der Akkumulation wird umgekehrt Mittel zur Entwicklung jener Methoden. Es folgt daher, dass in dem Maße wie Kapital akkumuliert, die Lage des Arbeiters, welches immer seine Zahlung, hoch oder niedrig, sich verschlechtern muss. Das Gesetz endlich, welches die relative Überbevölkerung oder industrielle Reservearmee stets mit Umfang und Energie im Gleichgewicht hält, schmiedet den Arbeiter fester an das Kapital als den Prometheus die Keile des Hephaistos an den Felsen. Es bedingt eine der Akkumulation von Kapital entsprechende Akkumulation von Elend, Arbeitsqual, Sklaverei, Unwissenheit, Brutalisierung und moralischer Degradation auf dem Gegenpol, d. h. Seite der Klasse, die ihr eigenes Produkt als Kapital produziert.« Nach dieser Anklage folgt dann im »apokalyptischen« 24. Kapitel das Urteil oder die Prophezeiung: »Auf einem gewissen Höhengrad bringt diese Produktionsweise die materiellen Mittel ihrer eigenen Vernichtung zur Welt. Von diesem Augenblick regen sich Kräfte und Leidenschaften im Gesellschaftsschoße, welche

Die Gewalt ist der Geburtshelfer jeder alten Gesellschaft, die mit einer neuen schwanger geht. Sie selbst ist eine ökonomische Potenz.

Karl Marx: Das Kapital, 1867

sich von ihr gefesselt fühlen. Sie muss vernichtet werden, sie wird vernichtet … Was jetzt zu expropriieren ist, ist nicht länger der selbstwirtschaftende Arbeiter, sondern der viele Arbeiter exploitierende Kapitalist … Mit der beständig abnehmenden Zahl der Kapitalmagnaten, welche alle Vorteile dieses Umwandlungsprozesses usurpieren und monopolisieren, wächst auch die Masse des Elends, des Drucks, der Knechtschaft, der Entartung, der Ausbeutung, aber auch der Empörung der stets anschwellenden und durch den Mechanismus des kapitalistischen Produktionsprozesses selbst geschulten, vereinten und organisierten Arbeiterklasse. Das Kapitalmonopol wird zur Fessel der Produktionsweise, die mit und unter ihm aufgeblüht ist. Die Zentralisation der Produktionsmittel und die Vergesellschaftung der Arbeit erreichen einen Punkt, wo sie unverträglich werden mit ihrer kapitalistischen Hülle. Sie wird gesprengt. Die Stunde des kapitalistischen Privateigentums schlägt. Die Expropriateurs werden expropriiert … Es ist die Negation der Negation.«

In dieser berühmten Passage kommt noch einmal die Hegel'sche Geschichtsphilosophie zum Vorschein, aber auch das leidenschaftliche Engagement des Verfassers für die Sache des Proletariats. Im zweiten und dritten Band des ›Kapitals‹, die Engels aus dem Nachlass herausgegeben hat, beschäftigt sich Marx mit dem Geschehen außerhalb der Fabrik, mit dem Kreislauf von Handel, Profit und Reinvestition, zum Teil werden auch Fragen, die im ersten Band nur angerissen sind, ausführlicher abgehandelt, etwa seine These vom tendenziellen Fall der Profitrate.

Wirkungsgeschichte des ›Kapitals‹

Das ›Kapital‹ wurde zum Meisterwerk, weil es ein Schreckensgemälde des Frühkapitalismus im viktorianischen England malt, daran zweifelt heute keiner der Marx-Kritiker. Marx hätte sein Werk wahrscheinlich als volkswirtschaftliches Fachbuch eingestuft. Die Besonderheit besteht

23 ›Das Kapital‹, Titelseite der
Erstausgabe, 1867

aber darin, dass es eben kein akademisches Fachbuch war,
sondern eine neuartige Verbindung von ökonomischer
Theorie, Wirtschafts- und Sozialgeschichte, Soziologie und
Propaganda darstellt. Eine Kritik, so etwa die von Rosa Luxemburg, geht dahin, dass es schlecht lesbar und viel zu aus-
ufernd sei mit den vielen historischen Exkursen und roko-
kohaften Abschweifungen. Vielleicht liegt heute aber gerade
in diesen Passagen der besondere Reiz, denn die abstrakte
Begrifflichkeit mit der Arbeitswertlehre und Mehrwerttheo-
rie ist inzwischen zumindest in ihrem Wert stark angezwei-
felt worden. Es ist nicht einfach zu antworten, wenn man die
Frage nach der Zielgruppe stellt, die Marx mit dem ›Kapital‹
erreichen wollte. Er wollte ein wissenschaftliches Werk ab-

Das »Kapital« wird mir nicht einmal so viel einbringen, als mich
die Zigarren gekostet, die ich dabei geraucht.
Karl Marx zu seinem Schwiegersohn Paul Lafargue, in:
Erinnerungen an Karl Marx, Berlin 1953

liefern, aber für den Wissenschaftsbetrieb war er ein absoluter Außenseiter, von dort hatte er nichts zu erwarten. Eine Deutung besagt, als Hegelianer habe Marx geglaubt, wenn es ihm gelänge, den Kapitalismus umfassend zu analysieren, dann sei das ein untrügliches Zeichen für dessen nahenden Untergang (»Die Eule der Minerva beginnt in der Dämmerung ihren Flug«). Die Mehrzahl der Proletarier, in deren Interesse er über Jahrzehnte gewirkt hatte, war zunächst so einem wissenschaftlichen Buch schon aufgrund ihres Bildungsstandes nicht zugänglich. Ein britischer Arbeiterführer, dem Marx ein Exemplar geschenkt hatte, bemerkte, er komme sich vor wie jemand, dem man einen Elefanten geschenkt habe und der jetzt nicht recht wisse, was er mit ihm anfangen solle. Die Reaktion war dann auch entsprechend. Die russische Zensur ließ das Werk passieren, weil es nicht zur Revolution aufrief und sie es als Lektüre für Arbeiter für ungeeignet hielt. Jenny Marx schrieb an Dr. Kugelmann in Hannover, wenn die Arbeiter eine Ahnung von der Aufopferung hätten, die nötig gewesen sei, um dieses für sie bestimmte Buch zu schreiben, würden sie vielleicht etwas mehr Interesse zeigen. Engels war einer der eifrigsten Propagandisten für das ›Kapital‹, er schrieb Rezensionen für unterschiedliche bürgerliche Blätter wie das ›Demokratische Wochenblatt‹, den ›Staats-Anzeiger für Württemberg‹, den Stuttgarter ›Beobachter‹, die ›Zukunft‹ oder die ›Rheinische Zeitung‹. Doch es dauerte vier Jahre, bis die Erstauflage verkauft war. Das Anwachsen des Interesses und die Hochachtung vor dem Buch wuchsen erst in den 1880er-Jahren mit dem Erstarken der Arbeiterbewegung in Deutschland und deren Bekenntnis zum Marxismus, auch wenn das nicht unbedingt mit ›Kapital‹-Lektüre verbunden war.

Marx hatte sich viel darauf zugutegehalten, in London keine »Politik« in einer der Emigrantenorganisationen zu betreiben und stattdessen sein großes Werk zu schreiben. Durch die verschiedensten Dinge hatte er sich aber immer wieder vom Abschluss seiner Arbeit abhalten lassen, so durch die Abrechnung mit »Herrn Vogt«. Vielleicht plagte ihn zumindest in seinem Unterbewusstsein die Furcht, dass der große Erfolg ausbleiben könnte. Denn 1861 hatte er ernsthaft erwogen, die Arbeit am ›Kapital‹ erneut zu unterbrechen und auf das Angebot seines Freundes Ferdinand Lassalle einzugehen, mit ihm und Engels in Berlin eine Art Fortsetzung der ›Neuen Rheinischen Zeitung‹ in Form einer Wochenzeitung zu wagen.

Karl Marx als Politiker

Auseinandersetzung mit Ferdinand Lassalle

Ich gehe wahrscheinlich auch nach Berlin – ohne Pass, um zu sehen, ob die Geschichte mit einem Wochenblatt geht, und um mir überhaupt den Dreck anzusehen«, schrieb Marx Ende Februar 1861 an Engels. Von Lassalle kam auch ein Vorschuss, der es Marx erst ermöglichte, seine Geldbeschaffungsreise zu Onkel Lion Philips in Holland nach Berlin auszuweiten. Marx und Lassalle kannten sich aus den Tagen der Revolution in Köln 1848, wo Lassalle auch an der ›Neuen Rheinischen Zeitung‹ mitgearbeitet hatte. Der sieben Jahre Jüngere hatte den erfahreneren Marx stets bewundert und verehrt. Zuletzt hatte er 1860 noch einen Beitrag zur Finanzierung der Kampfschrift ›Herr Vogt‹ geleistet.

Lassalle war ein Selfmademan. Als Sohn eines jüdischen Schneiders aus Breslau hatte er sich in allerlei Berufen versucht. Sein großer Treffer war die Tätigkeit als Prozessvertreter der Gräfin Hatzfeld gegen ihren geschiedenen Mann, von dem sie ihre umfängliche Mitgift zurückerstattet haben wollte. Nach einer Serie von Prozessen hatte der Beklagte in einem Vergleich große Teile des Vermögens zurückerstattet, und Lassalle war jetzt ein wohlhabender Mann, der in einer Villa in der Berliner Bellevuestraße residierte. Zugleich fühlte er sich auch noch der alten Sache der 48er verbunden und agitierte für die Rechte der Arbeiter.

Lassalle bewirtete Marx geradezu fürstlich. Er arrangierte ein Bankett für seinen Gast. Er nahm ihn einmal in eine Komödie mit und ein andermal in die Königliche Oper, wo Lassalle sogar eine Privatloge gemietet hatte, er vermittelte ihm einen Besuch in der Journalistenloge des Preußischen Landtags. Doch bei dem Bankett war Marx neben einer etwas aufdringlichen Verlegerin platziert, die er später als »das hässlichste Geschöpf, das ich je in meinem Leben gesehen habe« beschrieb. Die Komödie troff nur so vor preußi-

24 Ferdinand Lassalle als Kämpfer
für das allgemeine Wahlrecht

scher Selbstverherrlichung – ein Grauen für Marx. Das Ballett fand er todlangweilig. Den Landtag beschrieb er als ein »sonderbares Mixtum aus Beamten- und Schulstube«, ein enger Sitzungsraum mit spärlichen Zuschauerlogen, die gewählten Abgeordneten säßen auf Bänken, die adligen »Herren« dagegen auf Sesseln. Verglichen mit der Art, wie Ministerpräsident und Parlamentspräsident miteinander umgingen, sei eine Sitzung der belgischen Kammer imposant. Ein zentrales Ziel des Berlinbesuchs war die Wiederherstellung von Marx' preußischer Staatsbürgerschaft. Lassalle hatte im Hinblick auf die Amnestie, die der neue König Wilhelm I. bei seiner Thronbesteigung als Beginn einer »neuen Ära« im Januar für politische Delikte erlassen hatte, einen Termin beim Berliner Polizeipräsidenten von Zedewitz arrangiert. Der war auch sofort bereit, Marx einen auf ein Jahr befristeten Pass auszustellen, vertröstete ihn dann aber wegen einer endgültigen Entscheidung auf die Zukunft. Die Absage kam einige Wochen später mit dem Hinweis, die Amnestie gelte nur für von preußischen Gerichten Verurteilte, nicht aber für Ausländer, und dazu sei Marx zu rechnen. In der Frage des Wochenblattes war Lassalle bereit, wohl aus dem Vermögen der Gräfin Hatzfeld, 20–30 000 Taler Startkapital aufzubringen. Er wollte dafür aber gleichberechtigter Chefredakteur neben Marx werden. Marx ließ die Entscheidung bei der Abreise offen. Den besten Eindruck von der Berliner Gesellschaft machte noch die Gräfin Hatzfeld. Seiner Cousine schrieb Marx dann aber nach Holland, Deutschland sei ein so schönes Land, dass man am besten außerhalb seiner Grenzen lebe.

Lassalles Gegenbesuch in London zur Weltausstellung 1862 geriet zur Katastrophe. Marx war wieder in Geldnöten und musste jetzt einen bestimmten Aufwand für den Besuch treiben, den er sich nicht leisten konnte. Lassalle schien das zunächst nicht bemerkt zu haben, denn er prahlte mit seinen Ausgaben. Und als die Gläubiger sich im Hause Marx ein Stelldichein gaben, wollte er Marx nur mit einem kleinen Betrag aus der Klemme helfen, für die Engels einen Schuldschein unterschreiben sollte. Im Briefwechsel von Marx und Engels wimmelt es nur so von herablassenden Äußerungen über Lassalles Eitelkeit, Aufgeblasenheit und Großmannssucht. Für ihn fanden sie Ausdrücke wie »Lazarus«, »Baron Izzy«, »Itzig Gescheid«, »jüdischer Nigger«. Aus der Zusammenarbeit konnte schon wegen der persönlichen Unverträglichkeit nichts werden. Dennoch war Lassalle zunächst der größere Realist, was die Einflussmöglichkeiten der Arbeiterbewegung in Deutschland anging. Er wirkte mit Re-

Die eigentümliche Verbindung von Kritik des Geldes und Erlösungshoffnung, menschheitlicher Solidarität, Universalismus, genuinem Judenhaß und Fortschrittsglaube grundierte die Haltung der frühen Sozialisten und ihrer Theoretiker zum Judentum; das war allerdings bei den Fortschrittsbegeisterten Saint Simonisten nicht der Fall. Marx, geistiger Schüler und, wie viele meinen, Vollender des Hegelschen Werks, bildet dazu keine Ausnahme.

Marx war zeitlebens – zumindest persönlich – glühender Antisemit. Aber auch theoretisch vertrat er antisemitische Thesen.
Micha Brumlik: Deutscher Geist und Judenhaß, München 2000

den und Schriften und zog im Rheinland und auch in Berlin die Kader heran, mit denen er im Mai 1863 in Leipzig den Allgemeinen Deutschen Arbeiter-Verein (ADAV) gründete. Die Hauptforderungen des Programms waren das allgemeine Wahlrecht anstelle des 1849 oktroyierten Dreiklassenwahlrechts und die Bildung von staatlich geförderten Assoziationsfabriken, in denen der Betriebsgewinn an die Arbeiter ausgeschüttet werden sollte. Marx ärgerte es, dass Lassalle manche seiner eigenen Thesen einfach übernommen hatte. Ein Zusammengehen mit dem preußischen Staat, der Trutzburg des Feudalismus, hielt er für völlig verkehrt und die Kooperativen für Humbug. Die Arbeiterbewegung müsse revolutionär sein. Marx hatte wohl auch eine zutreffende Ahnung davon, dass Lassalle versuchte, mit Bismarck zu paktieren. Während Bismarck die Lassalle-Anhänger als Druckmittel gegen die Liberalen im preußischen Verfassungskonflikt benutzen wollte, hoffte Lassalle, mit Hilfe des allgemeinen Wahlrechts an die Spitze des preußischen Staates zu gelangen. Sein früher Tod bei einem Duell mit einem rumänischen Adligen, dem er die Verlobte, die Tochter eines bayerischen Diplomaten, ausgespannt hatte, ließ Lassalle sogar zu einem der Heroen der Arbeiterbewegung werden. »Das konnte nur dem Lassalle passieren bei dem sonderbaren Gemisch von Frivolität und Sentimentalität, Judentum und Chevaleresktuerei, das ihm ganz eigen war«, kommentierte Engels sarkastisch, Lassalle sei wohl daran zugrunde gegangen, dass er die junge Frau nicht sofort »aufs Bett geworfen und gehörig hergenommen hat, sie wollte nicht seinen schönen Geist, sondern seinen jüdischen Riemen«. Marx sah das etwas anders, schließlich sei Lassalle ein alter 48er gewesen, »Feind unserer Feinde«. Der Gräfin Hatzfeldt kondolierte er, Lassalle sei jung gestorben, »im Triumph, als Achill«.

»Der rote Terroristendoktor«. Marx und die Internationale

In einem Schreiben an Lassalles Nachfolger als Präsident des
ADAV, Schweitzer, erkannte Marx an, dass es Lassalle gewesen sei, der die deutsche Arbeiterbewegung nach fünf-
zehnjährigem Schlummer wieder wachgerufen habe. Vier
Wochen nach dem Tod Lassalles wurde in London die Internationale Arbeiter-Assoziation (IAA), kurz die Internationale, gegründet, und Marx geriet unvermittelt wieder auf
das öffentliche Podest der Arbeiterpolitik. In London hatte
sich 1860 ein Dachverband der Gewerkschaften gebildet, und
in Frankreich hatte Napoleon III. die Antigewerkschaftsge-
setze gelockert und sogar die Reise einer Arbeiterdelegation
zur Londoner Weltausstellung 1862 gefördert, wohl – ähnlich wie Bismarck in Preußen – um die Arbeiterbewegung
gegen das liberale Bürgertum in Stellung zu bringen. Als
1863 der polnische Aufstand gegen die zaristische Herrschaft
erneut aufflammte, kam es bei einer Solidaritätsveranstal-
tung für die um ihre Freiheit und Unabhängigkeit kämpfen-
den Polen zu der Absprache, eine internationale Organisation
zur Förderung des Friedens und zur Pflege des gemeinsamen Interesses der Arbeiterklasse in allen Ländern zu schaffen. Am 28. September 1864 beschloss eine Versammlung in
der St. Martin's Hall die Gründung der Internationalen
Arbeiter-Assoziation. Marx hatten die Organisatoren erst in
letzter Minute eingeladen und aufgefordert, Mitglied des
Zentralkomitees für Deutschland, später Generalrat genannt,
zu werden. Den Posten übernahm dann auf Marx' Vorschlag
der Schneider Johann Georg Eccarius, ein alter Mitstreiter aus
dem Bund der Kommunisten. Auf Vorschlag des deutschen
Arbeiterbildungsvereins ließ sich Marx dann aber zum kor-
respondierenden Mitglied für Deutschland kooptieren und
zum Mitglied des Programmausschusses bestimmen. Der
Ausschuss tagte mehrmals, ohne etwas Rechtes zustande zu
bringen. Beim nächsten Treffen versammelte man sich in
Marx' Haus, um die verschiedenen Entwürfe zu einem gemeinsamen Text zusammenzufügen. Da das Gremium sehr

heterogen zusammengesetzt und die Zeit vorangeschritten war, regte Marx an, man solle ihm doch die erarbeiteten Texte zum Redigieren überlassen, er werde daraus einen Vorschlag erarbeiten. Binnen einer Woche schrieb Marx einen neuen Text, der mit geringen Änderungen angenommen wurde, die ›Inauguraladresse der Internationalen Arbeiter-Assoziation‹. Der Text beginnt mit der Feststellung:»Es ist eine Tatsache, dass das Elend der Massen nicht abgenommen hat während der Periode 1848–1864, und dennoch steht diese Periode mit ihrem Fortschritt von Industrie und Handel beispiellos da in den Annalen der Geschichte.« Der Anstieg der Reallöhne für eine Minderheit der Arbeiterklasse habe keine Verbesserung der Lebensverhältnisse bewirkt. Als Konzession an die Anhänger von Arbeiterkooperativen wurden deren Erfolge zwar bestätigt, aber die große Pflicht der Arbeiterklassen sei die Eroberung der politischen Macht. Am Ende folgt noch eine Bekenntnis zum Internationalismus. Die Arbeiterklassen hätten die Pflicht, in die Geheimnisse der internationalen Politik einzudringen, um die auswärtige Politik ihrer Regierungen überwachen zu können. Der Text endet mit dem klassischen Schlachtruf:»Proletarier aller Länder, vereinigt Euch!« Diesem Programm fehlen wegen der taktischen Rücksichtnahmen Schwung und Verve des ›Kommunistischen Manifests‹. Dennoch stellt es einen wichtigen Beitrag zur Ausrichtung der Arbeiterbewegung an Marx' Lehre dar. Wesentliche Passagen, etwa über die Verelendung, kann man im drei Jahre später veröffentlichten ›Kapital‹ wiederfinden. Durch diesen ersten Text qualifizierte sich Marx dafür, auch die nächsten Dokumente zu verfassen, insgesamt etwa 50 Berichte und Resolutionen. Marx wurde zum »grand chef« der Internationalen. War er sonst sehr rigoros in seinem Vorgehen gegen vermeintliche oder tatsächliche Abweichler, so zeigte er hier ein beachtliches diplomatisches Talent, die sehr heterogenen Gruppierungen zusammenzuhalten. Zu seinen niederen Aufgaben gehörte es, die Mitgliedskarten zu unterschreiben, das waren an einem Abend nach einer Sitzung an die 200 Stück. Die

IAA war einen Monat nach Lassalles Tod gegründet worden, und Marx legte Wert darauf, auch dessen Allgemeinen Deutschen Arbeiter-Verein in die IAA zu bekommen. Auf lange Sicht wollte er den Lassalle-Verein natürlich sprengen, »weil der auf falscher Basis ruht«. Marx' Gefolgsmann in Deutschland, Wilhelm Liebknecht, sorgte dafür, dass die ›Inauguraladresse‹ im ADAV-Blatt ›Social-Demokrat‹ abgedruckt wurde, doch sonst konnte er in Berlin schon deshalb nicht viel ausrichten, weil die preußische Polizei ihn kurzerhand nach Sachsen ausgewiesen hatte. Dennoch war Marx weiterhin der Ansicht, dass die deutsche Arbeiterklasse noch am ehesten berufen sei, die Vorhut der proletarischen Revolution zu bilden und das bürgerliche Stadium der gesellschaftlichen Entwicklung zu verkürzen. In Frankreich hatte die Internationale den größten Rückhalt, meist waren es Anhänger Proudhons, die sich als Handwerker, Bauern und kleine Ladenbesitzer eine bessere Zukunft von Kooperativen und staatlichen Krediten versprachen und nicht von Streikaktionen. Dennoch gehörte es zu den Erfolgen der Internationale, dass sie wirksame Absprachen gegen den Einsatz von ausländischen Streikbrechern treffen konnte. Das Prestige der IAA bei französischen Arbeitern stieg, nachdem britische Gewerkschaften den streikenden Bronzearbeitern mit einer Finanzhilfe zum Sieg verholfen hatten. In der Schweiz half die IAA den streikenden Bauarbeitern und Seidenwebern. An den Jahreskongressen der IAA nahm Marx mit Ausnahme des Jahres 1872 nicht teil, sondern verlegte sich mehr auf detaillierte Instruktionen an deutsche Delegierte. Auf dem Brüsseler Kongress im Jahre 1868 wurde der Antrag gestellt, nur Handarbeiter dürften auf den Kongressen Rederecht erhalten, worauf ein britischer Delegierter erwiderte, die britische Arbeiterbewegung habe radikalen Bürgerlichen und Intellektuellen viel zu verdanken, »unter ihnen möchte ich nur einen erwähnen: Bürger Marx, der sein ganzes Leben dem Sieg der Arbeiterklasse gewidmet hat«. Auf demselben Kongress wurde nicht nur ein von Marx formulierter Antrag angenommen, der Streiks zu legitimen Waffen der Arbeiterklasse erklärte, sondern auch sein ›Kapital‹ gelobt: »Marx hat das unschätzbare Verdienst, der erste politische Ökonom zu sein, der das Kapital wissenschaftlich analysiert und in seine einzelnen Bestandteile aufgelöst hat.«

»Das Paris der Arbeiter, mit seiner Kommune, wird ewig gefeiert werden.« Der deutsch-französische Krieg und die Kommune

Den Beschluss des Brüsseler Kongresses, im Falle eines Krieges zum Generalstreik aufzurufen, hielt Marx für eine leere Deklaration, weil die Arbeiterklasse noch nicht hinlänglich organisiert sei, »um irgendein entscheidendes Gewicht in die Waagschale zu werfen«. Beim Ausbruch des deutsch-französischen Krieges im Juli 1870 kam denn auch von keiner Seite ein Streikaufruf. Der Generalrat beschloss in London eine von Marx entworfene vorsichtige Erklärung, in der die Niederlage von Napoleon III. vorausgesagt wurde. Der Aufruf warnte aber zugleich, falls die deutschen Arbeiter zuließen, dass der Verteidigungskrieg in einen Krieg gegen das französische Volk umschlage, seien Sieg oder Niederlage gleich verhängnisvoll. Der Aufruf verweist auf die große Tatsache, dass sich deutsche und französische Arbeiter Botschaften des Friedens und der Freundschaft übersandt hätten, und endet mit einem hoffnungsvollen Ausblick: »Sie beweist, dass im Gegensatz zur alten Gesellschaft mit ihrem ökonomischen Elend und ihrem politischen Wahnwitz eine neue Gesellschaft entsteht, deren internationales Prinzip der Friede sein wird, weil bei jeder Nation das gleiche Prinzip herrscht – die Arbeit! Die Bahnbrecherin dieser neuen Gesellschaft ist die Internationale Arbeiterassoziation.« In einer zweiten Erklärung begrüßte der Generalrat die Ausrufung der Republik in Frankreich und warnte vor einer Annexion Elsass-Lothringens. Er beschwor die Arbeiterklasse in allen Ländern zu tätiger Bewegung für den Frieden. Sollten die Arbeiter passiv bleiben, prophezeite der Generalrat, »so

25 Die letzten Kämpfe der Pariser
Kommune, Holzstich nach einem
Gemälde von Otto Marcus

wird der jetzige furchtbare Krieg nur der Vorläufer noch
furchtbarerer internationaler Kämpfe sein und wird in jedem Lande zu neuen Niederlagen der Arbeiter durch die
Herren vom Degen führen, vom Grundbesitz und vom Kapital«. Das war eine weitsichtige Warnung vor dem Ersten
Weltkrieg.

Marx hatte in den Text noch die aktuelle Mahnung an die
Franzosen eingebaut, jeder Versuch, die neue Regierung zu
stürzen, wäre eine Torheit. Er ließ über seinen Gefolgsmann,
den französischen Sekretär der Internationale Eugène Dupont, an die Internationalisten nach Lyon schreiben: »Unter
den gegebenen Umständen muss es die Rolle der Arbeiter, ja
die Pflicht sein, das bürgerliche Ungeziefer den Frieden mit
den Preußen abschließen zu lassen und sich nicht durch
Aufstände zu schwächen.« Aber genau das geschah. Als die
neue Regierung im Januar einen Waffenstillstand verein-
barte und verfügte, dass die im belagerten Paris bislang aus-
gesetzten Zahlungen für Mieten und Pachten jetzt entrich-
tet werden müssten, um Reparationen an den Kriegsgegner
leisten zu können, brach am 18. März 1871 der Aufstand los.

Die Demonstranten verjagten die Regierung nach Versailles, und die Nationalgarde weigerte sich, ihre Waffen niederzulegen, und stellte sich in den Dienst der Pariser Kommune, wie sich das neue Regiment nannte. Von den am 28. März durch Volksabstimmung gewählten 92 Kommunarden gehörten 17 der Internationalen an, die Pariser Sektion der Internationalen war von Napoleon III. unterdrückt worden. Die Mehrheit der Kommunarden bestand aus Blanquisten, Proudhonisten und sonstigen kleinbürgerlichen Vertretern. Die ersten Maßnahmen waren eher reformistisch als revolutionär, etwa das Nachtbackverbot für Bäckereien, das Verbot für Arbeitgeber, Strafabzüge an Löhnen vorzunehmen, Schulgeldfreiheit oder die Umwandlung von Betrieben, deren Chefs geflohen waren, in Produktionsgenossenschaften. Marx wurde mit der Kommune gleich auf zweifache Weise in Verbindung gebracht. Die Regierung in Versailles veröffentlichte einen gefälschten Marx-Brief, wonach sich die Pariser politischer Aktivitäten enthalten und auf die sozialen Forderungen der Internationalen beschränken sollten. In der Londoner Presse wurde eine zweite entgegengesetzte Variante kolportiert, wonach der Generalrat mit Marx an der

Der polizeigefärbte Bourgeoisverstand stellt sich natürlich die Internationale Arbeiterassoziation vor als eine Art geheimer Verschwörung, deren Zentralbehörde von Zeit zu Zeit Ausbrüche in verschiedenen Ländern befiehlt. Unsere Assoziation ist aber in der Tat nur das internationale Band, das die fortgeschrittensten Arbeiter in den verschiedenen Ländern der zivilisierten Welt vereinigt. Wo immer, und in welcher Gestalt immer, und unter welchen Bedingungen immer der Klassenkampf irgendwelchen Bestand erhält, da ist es auch natürlich, dass Mitglieder unsrer Assoziation im Vordergrund stehen. Der Boden, aus dem sie emporwächst, ist die moderne Gesellschaft selbst. Sie kann nicht niedergestampft werden durch noch soviel Blutvergießen. Um sie niederzustampfen, müssten die Regierungen vor allem die Zwingherrschaft des Kapitals über die Arbeit niederstampfen – also die Bedingungen ihres eigenen Schmarotzerdaseins.

Karl Marx: Der Bürgerkrieg in Frankreich, 1871

Spitze den Aufstand angezettelt habe und dirigiere. Tatsächlich hatte die Internationale keinen Einfluss auf die Ereignisse. Marx ließ sich auch zwei Monate Zeit, um die vom Generalrat geforderte Solidaritätsadresse zu verfassen. Der Aufstand war bereits von Regierungstruppen mit preußischer Erlaubnis blutig niedergeschlagen worden, als seine Stellungnahme herauskam, ein Nachruf. Marx sah die Gelegenheit, aus der Kommune ein Ereignis von weltgeschichtlicher Bedeutung zu machen. Schon der Titel der 50-seitigen Broschüre, ›Der Bürgerkrieg in Frankreich‹, zeigt, dass hier kein lokales Ereignis beschrieben wurde. Die Kommune »war im Wesentlichen eine Regierung der Arbeiterklasse, das Resultat des Kampfes der hervorbringenden gegen die aneignende Klasse, die endlich die politische Form, unter der die ökonomische Befreiung der Arbeiter sich vollziehen konnte«, gefunden hatte. Marx sah erstmalig das Modell einer Diktatur des Proletariats, in der die alte Staatsmaschinerie zerschlagen wurde, die Abschaffung des stehenden Heeres, Wählbarkeit und Abwählbarkeit von Beamten und Richtern sowie imperatives Mandat für Abgeordnete gefordert wurden. Die maßgeblichen Männer der neuen französischen Republik erschienen dagegen nur als lächerliche Zwerge, Kleinkriminelle, Börsenschwindler oder Ehebrecher.

Am Schluss vereinnahmte Marx dann noch die Kommune für die Internationale mit der These, wo immer der Klassenkampf Bestand habe, stünden ihre Mitglieder im Vordergrund. Der letzte Absatz ist etwas pathetisch, weil es sich auch um einen Nachruf auf die 17 000 Toten des Endkampfes handelt: »Das Paris der Arbeiter mit seiner Kommune wird ewig gefeiert werden als der ruhmvolle Vorbote einer neuen Gesellschaft. Seine Märtyrer sind eingeschreint in die Herzen der Arbeiterklasse.«

Die englische Ausgabe erreichte binnen drei Monaten drei Auflagen, allein die zweite betrug 8000 Exemplare, der Text wurde bald in alle großen Fremdsprachen übersetzt. ›Der Bürgerkrieg in Frankreich‹ war keine Analyse, die mit den Kategorien des ›Kapitals‹ arbeitete, sondern eine brillante politische Polemik. Keine andere von Marx' Schriften oder Veröffentlichungen erreichte eine derartige Publizität. Dieser Text hatte aber auch Langzeitwirkung, Lenin benutzte ihn für seine Schrift ›Staat und Revolution‹. Brecht las ihn für sein Stück ›Die Tage der Commune‹.

Bald wurde auch bekannt, wer der Verfasser der anonym erschienenen Schrift war. Marx schrieb an Kugelmann, er habe die Ehre, derzeit der bestverleumdete und meistbedrohte Mann in London zu sein, »das tut einem wahrhaft wohl nach der langweiligen zwanzigjährigen Sumpfidylle«.

»Das Ende der Sklaverei«: Die Internationale wird liquidiert

Marx wurde in vielen Zeitungen als Anstifter vieler angeblicher Gräueltaten der Kommune beschrieben. Auf dieser Linie lag es, dass der Botschafter des neuen Deutschen Reiches in London verlangte, Marx als gemeinen Verbrecher vor Gericht zu stellen. Auch im Unterhaus wurde die Forderung erhoben, etwas gegen Marx und die Internationale zu unternehmen. Auf Nachfrage des Privatsekretärs des Innenministers übersandte Marx ihm einen Stapel von Dokumenten und Broschüren, darunter den ›Bürgerkrieg in Frankreich‹, denn die Internationale war schließlich ein auf öffentliche Wirksamkeit zielender Zusammenschluss legaler Gewerkschaften und keine auf Mord ausgerichtete geheime Verschwörerorganisation. Der Innenminister erwiderte dann auch nach dem Studium der Unterlagen, Marx und seine Anhänger seien harmlose Unzufriedene, die durch Erziehung und religiöse Unterweisung auf den rechten Weg zurückfinden würden.

Die Publizität, die die Internationale 1871 erreicht hatte, besaß aber auch ein Kehrseite. Delegierte, die zu einem Kongress reisen wollten, mussten damit rechnen, bei der Ausreise verhaftet zu werden. Auch waren die Machtverhältnisse in dieser doch sehr heterogenen Organisation unklar. Marx hatte anfangs der Aufnahme des Anarchisten Bakunin und seiner Anhänger zugestimmt. Bakunin war eine operettenhafte Figur mit einem bewegten Leben. Jetzt saß er in Genf und hatte die dortige Sektion gespalten und eine eigene Organisation geschaffen. Marx konnte keinen Sinn darin sehen, durch anarchistische Kleinaufstände revolutionäre Energien zu vergeuden. Auf sein Drängen beschloss der Generalrat, anstatt des für Amsterdam geplanten Jahreskongresses 1871 nur eine interne Konferenz in London abzuhalten. Die Konferenz war alles andere als repräsentativ zusammengesetzt und wurde wie keine andere von Marx dominiert. Er setzte eine Resolution durch, wonach der Generalrat künftig mehr Internationalität aufweisen solle. In weiteren Beschlüssen wurden mehr politische Disziplin und die Organisation der Arbeiterklasse als politische Partei gefordert. Aber gerade das wollten die Bakunin-Anhänger nicht. Marx gelang es dennoch, einen Beschluss durchzusetzen, in dem die politische Betätigung durch Teilnahme an Wahlen mit dem Ziel gefordert wurde, über die Parlamente Einfluss zu gewinnen. Ein besonderes Problem bildeten die Engländer. Bisher hatten sie keine eigene Landesorganisation, sondern waren direkte Mitglieder der Londoner Zentrale. Den britischen Gewerkschaften wurde jetzt ein eigener Föderationsrat zugestanden, das war der Anfang vom Ende des politischen Engagements. Denn im Grunde wollten sie vor allem Gewerkschaftsarbeit leisten und politisch mit den Liberalen zusammenarbeiten, um ins Unterhaus zu kommen.

Am 2. September 1872 begann der fünfte Kongress der Internationalen in Den Haag, es war der einzige, an dem Marx persönlich teilnahm. Größer als die Zahl der 65 Delegierten war die Zahl der Journalisten und Polizeispitzel, die etwas über die geheimnisvolle, angeblich mächtige Organisation erfahren wollten. Tatsächlich waren die verschiedenen Fraktionen heillos untereinander zerstritten. Eine Zeitung berichtete von der ungeheuren Konfusion, die bis zum Ende der Sitzung herrschte. Marx versuchte aus dem Hintergrund die Regie zu führen. Er sah, dass sein Arbeitseinsatz sich nicht gelohnt hatte, und fürchtete, Bakunin könne die feindliche Übernahme der Internationalen doch noch gelingen, obwohl man gerade für seinen Ausschluss gestimmt hatte. Also schickte er Engels vor mit dem Antrag, den Sitz des Generalrats von London nach New York zu verlegen. Auf das vorgeschützte Argument, dort bestünden ein größerer Eifer und größere Stärke der Arbeiterbewegung, wusste ein Delegierter zu erwidern, dann könne man den Sitz des Generalrats auch gleich auf den Mond verlegen. Aus Treue zu Marx votierte eine knappe Mehrheit von 25 gegen 23 Stimmen bei 9 Enthaltungen für den Antrag. Das war das Ende, die formelle Auflösung folgte erst vier Jahre später. Marx hatte seinen Rückzug aus dem Engagement schon im Frühjahr einem Vertrauten angekündigt: »Ich warte mit Ungeduld auf den nächsten Kongress. Das wird das Ende meiner Sklaverei sein.«

Die fünf Jahre von 1867 bis 1872 bilden den Höhepunkt von Marx' öffentlichem Wirken und in mehrfacher Hinsicht auch einen Wendepunkt in seinem Leben. Die Freude über das Erscheinen des ersten Bandes des ›Kapitals‹ war bald der Enttäuschung über die ausbleibende Anerkennung für sein Werk gewichen. Am 30. April 1868 schrieb er seinem Freund Engels: »In ein paar Tagen werde ich 50. Wenn jener preußische Lieutenant zur Dir sagte: ›Schon 20 Jahre im Dienst und immer noch Lieutenant‹, so kann ich sagen: Ein halbes Jahrhundert auf dem Rücken und immer noch Pauper! Wie recht [hatte] meine Mutter! ›Wenn Karell Kapital gemacht hätte, statt etc.!‹ Salut. Dein K. Marx.« Seine finanziellen Sorgen wurde Marx erst los, als Engels 1869 seine Teilhaberschaft an der Firma Ermen und Engels verkaufte und dabei für Marx eine Jahresrente von 350 Pfund aussetzte. Engels zog ein Jahr später von Manchester in eine repräsentative Wohnung ganz in der Nähe der Familie Marx um, und die beiden Freunde konnten sich fast täglich besuchen. Von der Gewohnheit der beiden, beim Diskutieren stets auf und ab zu gehen, zeugten später die abgetretenen Partien des großen Teppichs in Marx' Arbeitszimmer. Aber der Abschied vom Einsatz für die Internationale als dem »Ende der Sklaverei« führte nicht dazu, dass sich bei Marx eine produktive Phase seiner wissenschaftlichen Arbeit einstellen wollte. Er wurde zum Privatmann, der sich seiner Familie widmete, eine umfangreiche Korrespondenz unterhielt, zumindest versuchte, seine Gesundheit zu pflegen, und seinen Hobbys nachging.

Dr. Charles Marx, Privatier

Die Residenz: Modena Villas Nr. 1

Marx hatte für seine Familie im März 1865 eine repräsentative Villa in Maitenland Park, Modena Villas Nr. 1 angemietet. Das freistehende Haus hatte einen großen Garten, vom Wohnzimmer aus konnte man weit in die Parklandschaft hinaus blicken, und der Anbau verfügte auch über einen Wintergarten. Es gab für jede der drei Töchter ein eigenes Zimmer. Modena Villas Nr. 1 war eine Residenz, wie sie vom gehobenen Bürgertum geschätzt wurde, die sich mit den Elternhäusern der Marxens in Trier durchaus vergleichen ließ. Marx' Schwiegersohn Paul Lafargue, der ihn im Februar 1865 zum ersten Mal gesehen hatte, lieferte 1890 eine eindrucksvolle Beschreibung des Arbeitszimmers: »Es war im ersten Stock gelegen, und das breite Fenster, durch welches der Raum sein reichliches Licht erhielt, ging in den

26 Karl Marx, Friedrich Engels und die Töchter Jenny, Laura und Eleanor, um 1865

Park. Zu beiden Seiten des Kamins und dem Fenster gegenüber waren an den Wänden Bücherschränke, die mit Büchern gefüllt und bis zur Decke mit Zeitungspaketen und Manuskripten überladen waren. Gegenüber dem Kamin und an einer Seite des Fensters standen zwei Tische voll mit Papieren, Büchern und Zeitungen; in der Mitte des Raumes und im günstigsten Lichte befanden sich der sehr einfache und kleine Arbeitstisch (drei Fuß lang, zwei Fuß breit) und der Lehnstuhl aus Holz; zwischen dem Lehnstuhl und dem Bücherschrank, dem Fenster gegenüber, stand ein Ledersofa, auf dem Marx sich von Zeit zu Zeit ausstreckte, um zu ruhen. Auf dem Kamin lagen noch Bücher, dazwischen Zigarren, Zündhölzchen, Tabaksbehälter, Briefbeschwerer, Fotografien seiner Töchter, seiner Frau, Wilhelm Wolffs und Friedrich Engels' ... Marx erlaubte niemandem, seine Bücher und Papiere in Ordnung oder eigentlich in Unordnung zu bringen; die herrschende Unordnung war auch nur scheinbar: Alles war eigentlich auf seinem gewünschten Platze und ohne zu suchen nahm er immer das Buch oder Heft, dessen er gerade bedurfte ... In der Aufstellung der Bücher war keine äußerliche Symmetrie maßgebend: Quart- und Oktavbände, Broschüren standen dicht nebeneinander; er ordnete die Bücher nicht nach der Größe, sondern nach ihrem Inhalt. Die Bücher waren ihm geistige Werkzeuge und nicht Luxusgegenstände: ›Sie sind meine Sklaven und sollen mir nach meinem Willen dienen.‹« Ein weiteres Einrich-

Dr. Karl Marx
and Frau Dr. Jenny Marx
née von Westphalen
invite the pleasure of your
company
at a ball to be given at their residence
1, Modena Villas, Maitland Park, Haverstock Hill
London N. W.
on October 12, 1864
Einladung mit Goldrand zum Hausball bei Familie Marx, 1861

tungsstück war eine große Jupiterbüste, ein Geschenk der Familie Kugelmann. Der Eindruck, ein wohlsituierter Bürger zu sein, den Marx auf seine Umgebung machte, führte dazu, dass er zum Konstabler der Gemeinde Saint Pancras gewählt wurde. Marx lehnte die Wahl ab und meinte mit Hinweis auf einen Rat seines irischen Nachbarn zu Engels: »I should tell them that I was a foreigner and that they should kiss me in the arse.« Die repräsentative Villa war auch dazu bestimmt, den Töchtern bessere Lebensbedingungen und schließlich auch bessere Heiratschancen zu bieten. So konnten jetzt auch große Bälle mit bis zu 50 Gästen veranstaltet werden. Der Sonntag gehörte der Familie, auch das entsprach der bürgerlichen Konvention. Bei gutem Wetter brach Familie Marx mit Freunden vormittags gegen 11 Uhr zu gemeinsamen Ausflügen in die Heide von Hampstead auf. Für das Essen hatte Lenchen Demuth einen Picknickkorb vorbereitet, Getränke wurden von Wirtshäusern vor Ort beschafft. Dazu wurden deutsche Volkslieder gesungen (»O Straßburg, du wunderschöne Stadt«) oder Marx rezitierte seinen geliebten Shakespeare. Die drei Töchter erhielten eine Schulbildung, nahmen Malstunden, lernten Klavierspielen und besuchten Gymnastikkurse. Das Ziel war aber keine berufliche Tätigkeit, sondern eine bürgerliche Ehe. Doch auch hier war der Familie Marx kein Glück beschieden.

Marx' Töchter: Ein bürgerliches Trauerspiel

Die älteste Tochter Jenny heiratete im Oktober 1872 den Journalisten Charles Longuet, der nach der Niederwerfung der Kommune nach London geflüchtet war. Nach einiger Zeit fand er sogar eine Festanstellung als Dozent am Londoner King's College. Doch bald entpuppte er sich als selbstsüchtiger, mürrischer und brutaler Ehemann. »Obwohl ich schufte wie ein Nigger, höre ich nichts als Schimpfen und Brüllen von ihm, wenn er zu Hause ist«, klagte Jenny ihrer Schwester Eleanor. Das Paar bekam zur Freude von Großvater Marx

27 Jenny Marx und Charles Longuet, um 1870

fünf Kinder, von denen eines früh starb. Als die französische
Regierung eine Amnestie für Straftaten in Verbindung mit
der Kommune erließ, zog die Familie Longuet nach Argen-
teuil bei Paris, wo Charles eine Anstellung als Redakteur von
Clemenceaus Tageszeitung ›La Justice‹ gefunden hatte. Doch
Anfang 1883 erfuhr Marx, dass seine Tochter an Blasenkrebs
erkrankt war und keine Aussicht auf Heilung bestand. Als
Eleanor ihrem Vater die Nachricht vom Ableben seiner ältesten Tochter überbrachte, hatte sie den Eindruck, »als ver-
künde ich meinem Vater sein Todesurteil«.

Die zweitgeborene Tochter Laura verliebte sich in den
Medizinstudenten Paul Lafargue. Er war Sohn kreolischer
Eltern aus Kuba, die dort zunächst eine Plantage geleitet
hatten, um dann später in Bordeaux einen Weinhandel zu
beginnen. Wegen seiner proudhonischen Ansichten und politischen Aktivitäten hatte ihn die Universität Lüttich rele-
giert. Er war dann nach London zum Generalrat gekommen, wo er Laura begegnete. Marx waren Pauls exotische
Herkunft, politische Ansichten und nicht zuletzt die schwär-
merische Leidenschaft, mit der er um Laura warb, zuwider.
»Falls Sie Ihre Liebe zu ihr nicht in der Form zu äußern vermögen, wie es dem Londoner Breitengrad entspricht, werden

28 Laura Marx und Paul Lafargue, um 1870

Sie sich damit abfinden müssen, sie aus der Entfernung zu lieben«, schrieb Marx dem Brautwerber und forderte von ihm noch einen Bericht über seine materiellen Verhältnisse, denn »so weit es in meiner Macht steht, will ich meine Tochter vor den Klippen bewahren, an denen das Leben ihrer Mutter zerschellt ist«. Aber die Vorbehalte blieben nicht von Dauer, besonders nachdem die Eltern des Bräutigams angedeutet hatten, ihren Sohn mit 100 000 Francs unterstützen zu wollen, die dann später allerdings nicht gezahlt wurden. Nach einem Monat wurde die Verlobung bekannt gegeben, und am 2. April 1868 heiratete das Paar. Als läge ein Fluch über der Familie, starben die drei Kinder alle im jugendlichen Alter. Vater Paul verzweifelte darauf an der Kunst der Medizin, brach sein Studium ab und versuchte sich als Kompagnon einer kleinen Kopieranstalt. Das Unternehmen schlug fehl, und Marx musste für die Verluste aufkommen. Später zogen die Lafargues nach Frankreich, wo Paul sozialistischer Agitator und Journalist wurde. Das Paar war spätestens seit dem Tod von Engels durch ein Vermächtnis finanziell abgesichert. Dennoch wählte das kinderlose Paar 1911 den Freitod.

Die jüngste Tochter Eleanor (»Tussy«) betätigte sich aufop-

29 Eleanor Marx, Porträt um 1875

fernd als Sekretärin, Übersetzerin, Rechercheurin und Reise-
begleiterin für ihren Vater. Entsprechend der bürgerlichen
Konvention in England fiel der jüngsten Tochter die Aufgabe
zu, sich um die Betreuung des Vaters zu kümmern. Als sich
Tussy in den französischen Journalisten Prosper Olivier Lissagaray verliebte, legte Marx sein Veto ein. Hatte er bei den
älteren Töchtern, für die die Heirat auch so etwas wie die
Flucht aus den problematischen Familienverhältnissen gewesen war, nur Bedenken angemeldet, so verbot er jetzt seiner Tochter schlicht den Umgang mit dem Geliebten. Auch
Briefe der psychisch zeitweise gestörten Tussy an den »liebsten Mohr«, ihr doch das Wiedersehen zu gestatten, blieben
ohne positive Resonanz, obwohl Marx das Buch Lissagarays
über die Pariser Kommune durchaus schätzte. Schließlich
ging das Paar auseinander, und Tussy verliebte sich später,
nach dem Tod ihres Vaters, in den sozialistischen Publizisten
Dr. Edward Aveling. Da er noch verheiratet war, kam eine
Ehe zunächst nicht in Betracht. Nachdem Frau Aveling gestorben war, heiratete er eine wesentlich jüngere Frau. Eleanor starb durch das Gift, das ihr Aveling beschafft hatte.
Shaw hat dem Protagonisten seines Dramas ›Der Arzt am
Scheideweg‹ die Züge Avelings verliehen.

30 Prosper Olivier Lissagaray,
ca. 1873

Nach dem Auszug der älteren Töchter war das Haus Modena Villas Nr. 1 zu groß für die Familie Marx geworden,
außerdem war es zu teuer. Bald zog die Familie in ein preis-
wertes kleineres Reihenhaus um.

Marx in Karlsbad

Erstmals seit Jahrzehnten gab es jetzt keine Geldsorgen
mehr. Das große Problem der letzten zehn Jahre in Marx'
Leben war seine Gesundheit. Die Furunkulose kam immer
wieder, Marx litt an Schlaflosigkeit, und schließlich diagnostizierte ein Arzt ein Leberleiden. Auf Anraten von Engels'
Freund Dr. Eduard Gumpert, einem aus Deutschland stammenden Arzt in Manchester, erklärte sich Marx zu einer
Mineralwasserkur im damals aufstrebenden Modebad Karlsbad in Böhmen bereit. Auf Empfehlung von Dr. Kugelmann
stiegen Marx und Tochter Tussy im Hotel Germania ab, im
Gästebuch trug er sich als »Dr. Charles Marx, Privatier« ein.
Das war ein Tipp des österreichischen Kurarztes, um nicht
für den berüchtigten Karl Marx gehalten zu werden. »Man
befindet sich den ganzen Tag in einer Maschine«, schrieb er
an Engels, »die einem fast keinen Augenblick freilässt. Mor-

31 Karl Marx, Foto 1882

gens um fünf oder halb sechs auf. Dann sechs Gläser nach-
einander an verschiedenen Brunnen zu nehmen. Zwischen
dem einen und dem anderen Glas müssen wenigstens 15 Mi-
nuten liegen. Dann wird das Frühstück vorbereitet, zunächst
durch den Einkauf von kurgemäßem Backwerk. Danach ein
Marsch von wenigstens einer Stunde, endlich der Kaffee, der
hier vorzüglich ist, in einem der Kaffeehäuser außerhalb der
Stadt. Hierauf folgt eine Fußtour durch die umliegenden
Berge; um 12 Uhr about kommt man nach Haus, nimmt aber
einen um den anderen Tag noch ein Bad, was wiederum eine
Stunde wegnimmt. Folgt Wechsel der Toilette; puis Mit-
tagessen in einem beliebigen Gasthof …« Die Schlaflosigkeit
wollte zunächst nicht weichen, aber die Diagnose besagte,
dass sich die Leberverfettung zurückgebildet habe. Marx kam
noch zweimal nach Karlsbad. 1875 beschrieb eine Wiener Zeitung, wie Marx in Gesellschaften zum beliebten Unterhalter
wurde, indem er aus dem reichen Schatz seiner Erinnerungen
austeile, »mit Vorliebe lenkt er dann seine Schritte zurück in
die Tage der Vergangenheit, als noch die Romantik ihr letztes
freies Waldlied sang und Heine noch die tintenfeuchten Verse
in seine Stube brachte«.

Egon Erwin Kisch hat 1935 eine sehr anschauliche Skizze über Karl Marx in Karlsbad geschrieben. Beim ersten Karlsbad-Aufenthalt war es zu einem unerfreulichen Zusammenstoß mit Dr. Kugelmann gekommen. In einem Brief an Engels bezeichnet er seinen langjährigen Bewunderer als aufdringlichen, bürgerlich-kleinkramigen Philister. Frau Kugelmann lieferte dazu eine andere Darstellung. Marx hatte vor der Reise geklagt, er sei jetzt schreibunfähig, habe aber viel neues Material für den zweiten Band des ›Kapitals‹ zusammengetragen, »ich kann aber nicht an die schließliche Ausarbeitung desselben gehen vor Abschluss der französischen Ausarbeitung und gänzlicher Wiederherstellung meines Gesundheitszustandes«. In Karlsbad habe ihr Mann dann Marx dringend geraten, alle anderen Verpflichtungen gegenüber dem Abschluss der Folgebände des ›Kapitals‹ zurückzustellen. Engels hätte sich nie getraut, seinem Freund solch direkte Vorhaltungen zu machen. Tatsächlich hinterließ Marx außer zusätzlichen Materialien und kurzen ausgearbeiteten Passagen das Rohmanuskript für die Folgebände so, wie er sie zwischen 1863 und 1865 flüchtig zu Papier gebracht hatte. Engels, der sich nach Marx' Tod der Mühe unterzog, aus den auf den Bücherschränken in Paketen zusammengeschnürten Mappen, die ihm Lenchen Demuth gezeigt hatte, zwei lesbare Bände zu machen, klagte gegenüber dem Führer der Sozialdemokraten August Bebel: »Wenn ich das gewusst hätte, ich hätte ihm Tag und Nacht keine Ruhe gelassen.« In den letzten Jahren seines Lebens fehlte Marx einfach der Drive, wie man heute sagt, um noch etwas Großes zu Ende zu bringen. Etwas resigniert schrieb er seiner Tochter Laura, er fühle sich wie eine Maschine, die Bücher verschlingen müsse, um sie auf dem Dunghaufen der Geschichte abzulegen. Marx führte das beschauliche Leben eines älteren Privatgelehrten mit geregeltem Arbeitstag, wie es ihm seine Ärzte vorschrieben. Nachmittags kamen Freunde und Bekannte, um mit ihm zu diskutieren, spazieren zu gehen oder Schach zu spielen. Interesse an Marx zeigte auch Prinzessin Viktoria, Ehefrau des späteren Hundert-Tage-Kaisers Friedrich III. Sie bat den liberalen Politiker Grant Duff, doch den geheimnisvollen Dr. Marx zu einem Dinner einzuladen und darüber zu berichten. Duff gewann den besten Eindruck: »Er ist ein kleiner, ziemlich schmächtiger Mann mit grauem Haar und Bart, der in eigenartigem Kontrast zu seinem noch schwarzen Schnurrbart steht. Das Gesicht ist etwas rund, die Stirn wohlgeformt und gewölbt, der Blick ist ziemlich streng, aber der ganze Ausdruck ist eher angenehm und keineswegs der eines Herrn, der kleine Kinder in ihren Wiegen zu fressen pflegt, was – wie man wohl sagen darf – die Ansicht der Polizei über ihn ist. Seine Rede war die eines gebildeten, besser noch gelehrten Mannes, der sich sehr für vergleichende Grammatik interessiert, was ihn dazu geführt hat, Altslawisch und andere ausgefallene Studien zu treiben, er erging sich in vielen seltsamen Wendungen und war mit einem trockenen Humor gewürzt … Alles in allem war mein Eindruck von Marx angesichts der Tatsache, dass er mir völlig entgegengesetzte Ansichten hat, durchaus nicht ungünstig, und ich würde ihn gern wiedersehen.« Mit Altslawisch war wohl eher Russisch gemeint, das Marx in den siebziger Jahren gelernt hatte. Die positive Resonanz, die ›Das Kapital‹ in Russland gefunden hatte, und die Thesen einiger Bekannter hatten ihn zu der Erwägung kommen lassen, dass die russische Dorfgemeinde mit ihrem Gemeineigentum auch eine Übergangsform zu einer kommunistischen Gesellschaft bilden könne.

Marx verfolgte mit einer gewissen Distanz die Entwicklung in Deutschland. Zutreffend hatten er und auch Engels schon 1870/71 festgestellt, dass mit der Schaffung des Deutschen Reiches durch Bismarck auch die Chancen für Wach-

Das Deutsche Reich ist ein mit parlamentarischen Formen verbrämter, mit feudalem Beisatz vermischter und zugleich schon von der Bourgeoisie beeinflußter, bürokratisch gezimmerter, polizeilich gehüteter Militärdespotismus.
Karl Marx: Kritik des Gothaer Programms, 1875

32 Wandteller zur Erinnerung an den Gründungskongress der deutschen Sozialdemokratie in Gotha, 1875

sen und Wirken der deutschen Arbeiterklasse enorm gestiegen seien. Der Schwerpunkt der sozialistischen Bewegung werde sich von Frankreich nach Deutschland verlagern. Der von dem Marx-Getreuen Wilhelm Liebknecht 1869 als Gegenstück zu Lassalles ADAV gegründeten Sozialdemokratischen Arbeiterpartei galt Marx' besondere Aufmerksamkeit. Als die beiden etwa gleich starken Parteien 1875 fusionierten und sich in Gotha auf ein etwas verwaschenes Programm einigten, meinte Marx intervenieren zu müssen. Er schrieb ›Randglossen zum Programm der deutschen Arbeiterpartei‹, die mit dem Satz von Hesiod enden: »Dixi et salvavi animam meam« (Ich habe gesprochen und meine Seele gerettet). Seine Drohung, sich öffentlich von dem Programm zu distanzieren, machte er nicht wahr. Liebknecht hielt es für besser, die Marx'schen ›Randglossen‹ nur wenigen Genossen zu zeigen, sie wurden erst 1891 unter der Bezeichnung ›Kritik des Gothaer Programms‹ veröffentlicht. Relativierend hatte Marx dann aber auch gemeint, jeder Fortschritt in der Aktion sei wichtiger als ein Programm. Außerdem ließ Bismarcks Kampf gegen die neue Sozialisti-

sche Arbeiterpartei die von Lassalle angestrebte Zusammenarbeit mit dem Staat ohnehin immer unwahrscheinlicher
werden.

Dem Ende entgegen: Krankheit und Tod von Jenny und Karl Marx

Mehr und mehr traten die Gesundheitsprobleme von Karl
und Jenny Marx in den Vordergrund. Marx versuchte mit allen möglichen Mitteln gegen seine körperlichen Gebrechen
anzugehen, dazu gehörten türkische Bäder gegen das auf-
kommende Rheuma. Aber es machte sich auch ein geistiger
Alterungsprozess bemerkbar. Marx stellte selbst an sich fest,
dass er manchmal Schwierigkeiten hatte, grammatikalisch
richtige Sätze zu formulieren.

»Das Schlimmste ist«, schrieb er einem Freund, »dass der
Zustand meiner Frau täglich gefährlicher wird, obwohl ich
mich an die berühmtesten Ärzte Londons gewandt habe.«
Jenny litt unheilbar an Krebs, sie war zeitweilig bettlägerig
oder musste einen Rollstuhl benutzen. In einem Brief an Wilhelm Liebknecht beschreibt Tussy Marx die euphorische Ab-
schiedsbegegnung ihrer Eltern: »Mohr überwand noch einmal die Krankheit. Nie werde ich den Morgen vergessen, an
welchem er sich stark genug fühlte, in Mütterchens Stube zu
gehen. Sie waren zusammen wieder jung – sie ein liebendes
Mädchen und er ein liebender Jüngling, die zusammen ins
Leben eintreten – und nicht ein von Krankheit zerrütteter alter Mann und eine sterbende alte Frau, die voneinander Abschied nehmen.« Sie starb am 2. Dezember 1881. Marx litt zu
dieser Zeit so stark an Bronchitis und Rippenfellentzün-
dung, dass er auf ärztliche Anweisung nicht aufstehen und
an der Beerdigung auf dem Friedhof Highgate teilnehmen
konnte. Engels bemerkte zu Tochter Eleanor lapidar: »Der
Mohr ist auch gestorben.«

Marx' Allgemeinbefinden wurde ständig schlechter. Er
lebte noch einmal etwas auf, als er Station in Arenteuil bei

Paris machte, um seine Enkel zu sehen. Doch die von Engels empfohlenen Reiseziele mit garantiert viel Sonnenschein, Algier, Nizza und Cannes, enttäuschten, es herrschte ein stürmisches und regenreiches Wetter. Auch ein Aufenthalt auf der Isle of Wight brachte keine Besserung. Nach dem Tod seiner geliebten ältesten Tochter Jenny Anfang 1883 verschlechterte sich sein Zustand weiter. Kehlkopfentzündung, Bronchitis und Schlaflosigkeit plagten den frühzeitig Gealterten. Außerdem diagnostizierte der Arzt einen Lungenabszess. Als Engels am 14. März 1883 zur üblichen Besuchszeit nachmittags in der Wohnung Maitland Park Road Nr. 44 eintraf, fand er Marx tot im Lehnstuhl. Zu seiner Beerdigung auf dem Highgate-Friedhof neben seiner Frau erschienen elf Personen. In seiner Trauersprache würdigte Engels nicht nur die Verdienste des Verstorbenen, sondern er lieferte den Grundstein für die spätere Marx-Heroisierung: »Was das streitbare europäische und amerikanische Proletariat, was die historische Wissenschaft an diesem Mann verloren hat, das ist gar nicht zu ermessen.« Marx habe das Entwicklungsgesetz der menschlichen Gesellschaft und auch das spezielle Bewegungsgesetz der modernen kapitalistischen Produktionsweise und der von ihr erzeugten bürgerlichen Gesellschaft entdeckt. Aber das sei nur der halbe Mann, »denn Marx war vor allem Revolutionär ... und er hat gekämpft mit einer Zähigkeit, einem Erfolg, wie wenige«. Tatsächlich war Marx 1883 ein weithin unbekannter Autor, dessen Schriften in Deutschland wenig gelesen wurden, und sein Wirken war zunächst eine Kette von Niederlagen, Miss-

Ein großer, nicht festgestellter Prozentsatz sogenannter Marxisten hat Karl Marx nie gelesen. Und André Gide hat erklärt: »Es ist nicht Marx, der mich zum Kommunismus gebracht hat – ich habe starke Anstrengungen gemacht, ihn zu lesen, aber umsonst.« Viele werden schamhaft verschweigen, dass der zweite Teil des Satzes auch für sie gilt.

Margret Boveri: Der Verrat im 20. Jahrhundert,
Reinbek b. Hamburg 1976

erfolgen und Enttäuschungen. Der politische Erfolg von Marx' Lehren setzte erst nach seinem Tode ein. Nach dem Urteil des britischen Historikers Donald Sasson wurde der kontinentaleuropäische Sozialismus vom Marxismus »erobert«, und von der Jahrhundertwende an dominierte der Marxismus die Arbeiterbewegung. Friedrich Engels hat daran entscheidend mitgewirkt.

Marx, der Marxismus und die sozialistische Bewegung

Marx und Engels hatten 1875 die theoretische Unreife des Gothaer Programms in Briefen an Parteimitglieder heftig kritisiert. Jetzt nahm sich der Berliner Privatdozent Eugen Dühring ›Das Kapital‹ vor. In Vorträgen ging der populäre Redner souverän gegen gängige Thesen auf den Gebieten der Philosophie, der politischen Ökonomie und des Sozialismus an. Er kritisierte Hegel heftig und zweifelte grundsätzlich an der Dialektik. Manche seiner Verdikte wurden nicht nur von seinen Studenten, sondern auch von vielen Sozialdemokraten bejubelt. Karl Liebknecht richtete daher die dringende Bitte an Engels, doch im Parteiorgan ›Vorwärts‹ in einer Artikelserie zu antworten. 1878 erschien dann die Serie in Buchform unter dem Titel ›Herrn Eugen Dührings Umwälzung der Wissenschaft‹, meist kurz als »Anti-Dühring« bezeichnet. Die entscheidenden Teile des Buches wurden zu einer Art Enzyklopädie des Marxismus, in der die entscheidenden Teile der Marx'schen Lehre, der historische und der dialektische Materialismus, die politische Ökonomie und schließlich der Zukunftsentwurf einer sozialistischen Gesellschaft systematisch und verständlich dargestellt wurden. Das Buch wurde zwar mit Verweis auf das gerade erlassene Sozialistengesetz verboten, in der Schweiz erschien aber eine stark gekürzte und popularisierte Fassung unter dem Titel ›Die Entwicklung des Sozialismus von der Utopie zur Wissenschaft‹. Die Schrift wurde nach dem ›Kommunistischen Manifest‹ die meistgelesene Darstellung des Marxismus.

Der Erfolg der Schriften von Marx und Engels hatte zunächst damit zu tun, dass sie in einer klaren Sprache schrieben. Die sozialistische Bewegung sprach zunehmend auch begeisterungsfähige junge Männer an, für die der Sozialismus die Bedeutung einer weltlichen Religion annahm. Der

Marxismus bot eine einheitliche Theorie der Wirtschaft, Geschichte und Philosophie, die in der Lage schien, alle Aspekte des menschlichen Lebens zu erklären. Marx' Lehre vermittelte einen optimistischen Ausblick auf die Zukunft. Schließlich hatte die These, die Arbeiterklasse sei dazu berufen, die politische Führung zu übernehmen und den Sozialismus aufzubauen, für die klassenbewussten Arbeiter eine zusätzliche Legitimationsfunktion. Die SPD entwickelte sich zur größten Partei der 1889 gegründeten II. Internationale und brachte als »Theorie-Kapital« den Marxismus ein, genauer gesagt einen von Karl Kautsky für den Alltagsgebrauch zurechtgestutzten Vulgärmarxismus. Kautsky war nach dem Tod von Engels 1895 der maßgebliche Theoretiker, der auch die Herausgabe der Schriften aus dem Nachlass von Marx fortsetzte. Kautsky brachte eine Volksausgabe des ›Kapitals‹ heraus. Tatsächlich war es eines der wenigstgelesenen Bücher, den meisten sozialdemokratischen Führern schien es wohl zu genügen, ein Buch zu besitzen, in dem der

33 »Vorwärts mit Dampf! – der Fortschritt ist nicht aufzuhalten.« Aus dem ›Wahren Jakob‹, 1892

wissenschaftliche Nachweis über den Untergang des Kapitalismus und das Herannahen der Revolution geführt wurde. Die Politik der Sozialdemokraten war im Grunde praktisch-pragmatisch. Man hoffte, über Wahlen und parlamentarische Mitarbeit an die Regierung zu kommen. 1890, nach der Aufhebung des Sozialistengesetzes von 1878, wollte die Partei keinen Anlass für neue Verfolgungsmaßnahmen liefern. Zu denen, die sich kritisch über die frühere Einschätzung revolutionärer Chancen äußerten und die Möglichkeit eines friedlichen Übergangs zum Sozialismus nicht ausschlossen, gehörte der alte Engels, den man später auch als den ersten Revisionisten bezeichnete. Dennoch war das Erfurter Programm der SPD von 1891 in seinem Grundsatzteil »rein marxistisch«, der Kommentar Kautskys dazu in ›Das Erfurter Programm‹ wurde als authentische Interpretation des Marxismus angesehen und in 16 Sprachen übersetzt, der englische Titel lautet kämpferischer: ›The Class Struggle‹. Dennoch setzte bald die Revisionismus-Debatte ein. Eduard Bernstein, der den zweiten, konkreten Teil des Programms entworfen hatte, zweifelte grundsätzlich an der Marx'schen Verelendungstheorie und der Revolution. Die Verelendung sei nicht eingetreten und sich ständig verschärfende Krisen auch nicht. Er sei zwar nicht grundsätzlich gegen eine Revolution, aber der Sozialismus müsse in Teilschritten über Reformen erreicht werden. Die Kurzformel seiner Erkenntnis: »Der Weg ist das Ziel.« Ebenso im Gegensatz zu Marx favorisierte Bernstein Bündnisse mit dem liberalen Bürgertum, um einzelne Reformen durchzusetzen. Er vertrat damit eine Minderheitenmeinung und unterschätzte einfach die Traditionstreue der Partei.

Trotz des starken Anwachsens der SPD und dem Ausbau ihrer Organisation kam es nicht zu der von Marx vorhergesagten Polarisierung zwischen Arbeiterklasse und Kapital. Fast ebenso stark wie die Partei wurde die katholische Zentrumspartei, die große Teile der Arbeiter in überwiegend katholischen Regionen ansprach. Unter ihrem langjährigen Parteiführer August Bebel verband die SPD eine revolutio-

näre Theorie mit pragmatischer Praxis. Dieser Kurs führte
dann aber seine Nachfolger zu der verhängnisvollen Entscheidung vom 4. August 1914, den vom Kaiser geforderten
Kriegskrediten zuzustimmen und sich an der Burgfriedens-
politik zu beteiligen, ohne Teilhabe an der politischen Macht
zu erlangen und Einfluss auf die Kriegszielpolitik nehmen
zu können.

Die Kritik am deutschen Militarismus und der Kriegführung waren die zentralen Punkte der Linken in der SPD,
deren Exponenten Karl Liebknecht und Rosa Luxemburg
wurden. Liebknecht war der nach Ferdinand Lassalle glän-
zendste und mitreißendste Redner der deutschen Arbeiterbewegung. Er hielt die Marx'schen Kategorien von Wert,
Tauschwert, Mehrwert und Ausbeutung für zu ökonomisch-
abstrakt. Die Verteilung des gesellschaftlich erwirtschafteten
Arbeitsertrages sei vor allem eine Machtfrage. Das Schema
von ökonomischer Basis und ideologischem Überbau war
ihm zu einseitig. Zu einer systematischen Ausarbeitung ist
Liebknecht dann aber nicht mehr gekommen. Seine ganze
Energie verbrauchte er zwischen 1914 und 1916 im Kampf
gegen den Krieg, bis er verhaftet wurde und erst 1918 wieder
freikam. Er arbeitete eng mit Rosa Luxemburg zusammen.
Den Weltkrieg mit dem Einknicken der SPD vor der kaiser-
lichen Regierung und den Zusammenbruch der II. Internationale hielt sie für eine Katastrophe, an diesem Aderlass
drohe die europäische Arbeiterbewegung zu verbluten. Wenn
das Proletariat nicht sein revolutionäres Kampfschwert in
die Waagschale werfe, drohe die Barbarei. In der Schrift ›So-
zialreform oder Revolution?‹ wandte sie sich gegen die Thesen Bernsteins und kritisierte die bürokratisierte SPD. Ihre
Hoffnungen richteten sich auf eine revolutionäre Situation,
in der spontane Massenstreiks ausbrechen und die Sozialisten die politische Führung übernehmen würden. Sie gehörte zu den Bewunderern des russischen Revolutionärs
Lenin, was sie aber nicht daran hinderte, auch Kritik an der
Herrschaft der Bolschewiki zu üben. Gewalt und Repression
waren für sie keine legitimen Mittel zur Beseitigung der

Herrschaft einer Klasse. Diktatur des Proletariats heiße nicht Abschaffung der demokratischen Institutionen und der Meinungsfreiheit. Aus ihrer posthum veröffentlichten Schrift ›Zur Kritik der russischen Revolution‹ wird meist der Satz »Freiheit ist immer die Freiheit der Andersdenkenden« zitiert, mit dem die Demonstranten in Ost-Berlin 1989 Aufmerksamkeit erregten. Da Luxemburg und Liebknecht den Aufstand in Berlin anstachelten und zu den Gründern der KPD gehörten, wurden sie Anfang 1919 wohl mit Billigung des SPD-Reichswehrministers Gustav Noske ermordet.

Durch die Oktoberrevolution von 1917 in Russland entstand der Eindruck, als sei die von Marx vorhergesagte Diktatur des Proletariats hier Wirklichkeit geworden. Nur hatte Marx stets mit einer Revolution in einem industriell fortgeschrittenen Land gerechnet und nicht in dem, gemessen an Westeuropa, rückständigen Bauernland. Vergeblich suchten die Revolutionäre bei Marx nach Handlungsanleitungen für den Aufbau einer sozialistischen Gesellschaft. Dafür hatte der Marx-Anhänger Lenin (»Die Lehre von Marx ist allmächtig, weil sie wahr ist.«) aber schon dezidierte Vorstellungen über die Organisation der revolutionären Partei und die Eroberung der Macht entwickelt.

Die Partei müsse eine Kaderpartei sein mit einer hierarchischen Organisation (»demokratischer Zentralismus«) und die Rolle der Avantgarde der Arbeiterklasse spielen. Der von Marx angekündigte Übergang zum herrschaftsfreien Kommunismus könne erst nach einem längeren Durchgangsstadium des Sozialismus mit repressiver Staatsgewalt und Diktatur der kommunistischen Partei eintreten. Bürgerkrieg, ausländische Interventionen und politische Einkreisung ließen aus dem bolschewistischen Experiment unter der Herrschaft Stalins ein Diktatursystem entstehen, das bis zu seinem Ende 1991 starke Elemente eines Kriegskommunismus enthielt. Zu den Eigenarten der politischen Propaganda in der Sowjetunion gehörte, hierin der Tradition der russisch-orthodoxen Kirche folgend, ein Bilderkult. So wurden bei Demonstrationen und Aufmärschen neben roten Spruchbändern überlebensgroße Abbildungen von Marx, Engels, Lenin und Stalin vorbeigetragen. Das Bild aus dem Jahr 1868 mit dem gleichsam in ein Sechseck eingefügten Marx-Kopf und seinem über der Brust hängenden goldgefassten Monokel wurde zur Ikone. Bevor der Marxismus-Leninismus zu einem festen Lehrgebäude mit bestimmten Dogmen erstarrte, an deren Wahrheit man nicht zweifeln durfte, gab es in der Sowjetunion dennoch in den Anfangsjahren eine lebhafte Diskussion über Marx und den Marxismus.

Die SPD hatte nach dem Tode von Friedrich Engels den literarischen Nachlass von Karl Marx übernommen, aber Karl Kautsky hatte nur Auszüge davon veröffentlicht und manche Textpassagen einfach gekürzt oder gestrichen, um das Ansehen des großen Vaters des Sozialismus nicht herabzusetzen. Ab 1921 machte sich das Marx-Engels-Archiv in Moskau unter der Leitung des Marx-Forschers David B. Rjassanow daran, alle schriftlichen Unterlagen zu sammeln, um sie zu publizieren. Es wurden zwei Ausgaben in Angriff genommen, eine Werkausgabe der abgeschlossenen Schriften in 28 Bänden und eine historisch-kritische Gesamtausgabe, die etwa 120 Bände umfassen sollte. Die Gesamtausgabe sollte in Deutschland gedruckt werden und in einem eigens dafür gegründeten Verlag erscheinen. Die 1932 herausgekommenen ›Ökonomisch-philosophischen Manuskripte‹ galten ebenso als Sensationsfund wie die 1939/41 veröffentlichten ›Grundrisse der Kritik der politischen Ökonomie‹. Doch schon 1931 fiel der Herausgeber Rjassanow bei Stalin in Ungnade und wurde abgelöst. Die Machtergreifung der Nationalsozialisten 1933 setzte der Publikation in Deutschland ein Ende. Schließlich wurde die Ausgabe abgebrochen, und es erschienen nur noch Einzelbände, bis auch diese als Folge des deutsch-sowjetischen Krieges 1941 nicht weitergeführt wurden.

Die Weimarer Zeit war eine der Blütezeiten marxistischer Theorie-Debatten und marxistischer Forschung. Erst jetzt erschienen größere Marx-Biografien, so die von Franz Mehring, Otto Rühle und Boris Nicolaevsky und Otto Maenchen-

Helfen, Letztere allerdings erst 1937 im Exil. Ein Marx-Engels-Archiv berichtete seit 1924 über neuere Funde handschriftlicher Texte und veröffentlichte wissenschaftliche Artikel und Mitteilungen. In Österreich entwickelte sich unter Otto Bauer eine später als Austromarxismus bezeichnete Theorierichtung. Trotz der Breite des Interesses an Marx und der Behandlung seiner Schriften auch an den Universitäten blieb die Rückkoppelung mit der Politik gering. Die SPD hielt zwar theoretisch zu Marx, aber sie betrieb praktisch nur reformistische Politik. Ihre größten Erfolge hat sie wahrscheinlich in der Kommunalpolitik jener Jahre erzielt. 1933 wurde von den Nazis der Untergang des Marxismus proklamiert. Bei der Bücherverbrennung im Mai 1933 kamen auch die Werke von Marx und Engels auf den Scheiterhaufen. In großen antibolschewistischen Ausstellungen des NS-Propagandaministeriums wurde Marx angeprangert. Es kam dabei zu so kuriosen Dingen, dass Arbeiter die Ausstellung nur besuchten, weil der Begleitfilm »Weltfeind Nr. 1« mit dem Abspielen der Internationale endete.

Nach der Befreiung von der NS-Herrschaft gab es überall in Europa einen politischen Linksruck. »Nach Hitler kommen wir!«, hatte die Parole der meisten von Hitler verbotenen Parteien gelautet. Sowohl kommunistische als auch sozialdemokratische Parteien nahmen Marx für sich in Anspruch. Die SPD im Westen unter Kurt Schumacher proklamierte den »Sozialismus als Tagesaufgabe«. Die in der Ostzone durch Zwangsvereinigung von SPD und KPD zustande gekommene SED erklärte, zunächst die bürgerliche Revolution von 1848 vollenden zu wollen, bevor sie dann

Karl Marx, wer behandelt ihn? Gläubige Marxisten gibt es kaum noch, aber solche mit einem unsicheren Dankgefühl unendlich viele. Herein muss er, denn wenn auch England sein Exemplierfeld war, so ist er doch der deutschen Philosophie entlaufen.
Theodor Heuss über Marx und das Sammelwerk ›Die Großen Deutschen‹ an Toni Stolper 1955, in: ders., Tagebuchbriefe 1955/1963, Tübingen 1970

34 Wahlplakat der CDU, 1953

auch zum sozialistischen Aufbau übergehen wollte. Anfangs sah es sogar so aus, als wollten sich SPD und SED darüber streiten, wer das legitime Erbe von Marx antreten dürfe. Der beginnende Kalte Krieg und der europäische Wiederaufbau unter der Ägide des Marshall-Plans zeigten dann aber bald, dass sich die Rekonstruktion in Westeuropa nach amerikanisch-kapitalistischem Modell vollzog und in Osteuropa kommunistische Planwirtschaften nach sowjetischem Vorbild eingeführt wurden. Sucht man eine Schrift, die den Zusammenhang zwischen Antimarxismus und Marshall-Plan zeigt, dann ist es die Marx-Biografie von Leopold Schwarzschild, ›Der rote Preuße‹. In der Bundesrepublik der fünfziger Jahre gab es eine umfangreiche Auseinandersetzungs-

Marx und der Marxismus hatten für die tatsächliche Politik der SPD überhaupt keine Bedeutung, aber sie waren Teil der Tradition der Partei, und die alten Sozialdemokraten waren trotz allem Revisionismus und Parlamentarismus der Tradition der Partei treu geblieben.

Theo Pirker: SPD nach Hitler, München 1965

literatur mit dem Sowjetmarxismus, der widerlegt werden sollte. Dafür gab es aber keine größere Ausgabe der Werke von Marx. Ein Höhepunkt der antisozialistischen Propaganda in der Bundesrepublik war das Jahr 1953. Die CDU schwärzte die SPD mit dem Plakat »Alle Wege des Marxismus führen nach Moskau« an: Aus zentralperspektivischer Sicht blickt ein Rotarmist von der Kante eines roten Feldes auf sechs Bahnen nach Westen.

Nach und nach verschwand in den fünfziger Jahren das Bekenntnis zum Marxismus aus den Programmen aller westeuropäischen sozialdemokratischen Parteien, in der Bundesrepublik war es das Godesberger Programm der SPD von 1959, das einen ethischen Sozialismus forderte. Im sowjetischen Orbit wurde dagegen versucht, die gegenwärtige Politik als Umsetzung der Ideen von Marx und Engels auszugeben. Dazu gehörten 1953 die Verkündung eines Karl-Marx-Jahres und die Herausgabe einer 42-bändigen Ausgabe der Werke von Marx und Engels (MEW). Die zwischen 1956 und 1962 erschienene Ausgabe folgt der zweiten sowjetischen Ausgabe. Anders als etwa bei der dortigen Lenin-Ausgabe gab es keine Textmanipulationen. 1956 wurde mit sowjetischen Spenden auf dem Londoner Highgate-Friedhof ein monumentales Marx-Denkmal auf die Grabstätte gesetzt. Auf dem 20. Parteitag der KPdSU rechnete der Parteisekretär Nikita S. Chruschtschow mit den Verbrechen Stalins ab und deutete die Bereitschaft an, verschiedene »nationale Wege zum Sozialismus«, die sich vom sowjetischen unterschieden, hinzunehmen. Das hieß dann auch, eine differenzierte Beschäftigung mit Marx zu erlauben.

Das Jahr 1968 wurde dann geradezu Chiffre für eine Renaissance marxistischer Theorie-Debatten. Vor allem die Stu-

Wenn der DDR-Sozialismus sich als die »Verwirklichung der Ideen von Marx« plakatierte, konnte man sich fragen, was hier überwogen hat: Marx-Unkenntnis, Hochstapelei oder üble Nachrede.
Helmut Fleischer: Der Marxismus in seinem Zeitalter, Leipzig 1994

35 Plakat des SDS, 1968

dentenbewegung in Westeuropa entdeckte Marx neu. Binnen weniger Monate wurden Bücher aufgelegt, die den »undogmatischen« Marx hervorkehren sollten. Als Raubdrucke kamen viele der Schriften der Weimarer Zeit erneut heraus. Und es gab kaum eine Universität, an der nicht eine Gruppe einen Einführungskurs zur Lektüre von Marx' ›Kapital‹ anbot. Erst jetzt gab es eine große Nachfrage nach der in der DDR publizierten Marx-Literatur. Den meisten Anklang fanden aber undogmatische Autoren wie Paul Sweezy oder

Die marxsche Werkstatt überrascht immer wieder mit der Frische ihres Gedankenmaterials. Dem kommt das nach allen Seiten epochal Anfängliche, Unfertige des marxschen Werkes entgegen, das eher einen Forschungsprozeß als eine Lehre darstellt. Es wirkt wie eine kraftvolle Referenzinstanz, die, richtig gebraucht, uns nur anzieht, um uns sogleich zurückzuschicken aus der Rückkehr zu Marx in die Analyse der je heutigen Wirklichkeit. Dieses Werk ist eine Einladung zum lebenslangen Mitdenken und -wirken.

Wolfgang Fritz Haug: Neue Vorlesungen zur Einführung ins »Kapital«, Hamburg 2006

36 DDR-Banknote mit dem Porträt von Karl Marx, 1975

Ernest Mandel. Die europäische Entspannungspolitik entdä-
monisierte den »real existierenden Sozialismus«, führte zu
einer Erosion der Abgrenzung gegenüber den Kommunisten, löste aber auch Ängste vor einer Unterwanderung durch
den »orthodoxen Marxismus« aus. Berufsverbote schienen
das probate Gegenmittel. Doch der linke Aufbruch der sechziger und frühen siebziger Jahre ging nicht viel über den
akademischen Bereich hinaus und verebbte wieder. Die sogenannte Gorbatschow-Revolution nach 1985 besagte, dass
jedes sozialistische Land seinen eigenen Weg gehen solle,
unabhängig von sowjetischer Kontrolle. Überall forderten
Dissidentenbewegungen eine liberale Öffnung, manchmal
sogar mit sozialistischer Zielsetzung. Der Fall der Berliner
Mauer im November 1989 war der Beginn der Implosion des
sozialistischen Lagers, dem 1991 schließlich auch die Implosion der Sowjetunion folgte. Offensichtlich besteht keine
Aussicht, dass sich in überschaubarer Zukunft ein sozialistischer Phönix aus der Asche erheben wird. Doch dieses Scheitern ändert nichts an der Bedeutung, die Marx für das Selbstbewusstsein der Arbeiterklasse, als Kritiker der reaktionären
Verhältnisse im 19. Jahrhundert und als Analytiker des Kapitalismus hat.

Zeittafel

1818	5. Mai	Karl Marx wird in Trier geboren
1830	Oktober	Eintritt in die Quarta des Friedrich-Wilhelms-Gymnasiums Trier
1835	24. September	Abitur in Trier
	15. Oktober	Beginn des Studiums der Rechte an der Universität Bonn
1836	September	Verlobung mit Jenny von Westphalen
	22. Oktober	Wechsel an die Universität Berlin
1838	10. Mai	Marx' Vater Heinrich Marx stirbt
1839		Beginn der Arbeit an der Dissertation
1841	30. März	Exmatrikulation von der Universität Berlin
	15. April	Promotion zum Dr. phil. an der Universität Jena mit der Dissertation ›Differenz der demokritischen und epikureischen Naturphilosophie‹
	Juli	Marx zieht nach Bonn
1842	Februar	Der Artikel ›Bemerkungen über die neueste preußische Zensurinstruktion‹ wird von der Zensur verboten und erscheint 1843 in der Schweiz
		Mitarbeit an der ›Rheinischen Zeitung‹ in Köln
	15. Oktober	Informelle Übernahme der Chefredaktion der Zeitung, Umzug nach Köln
	November	Erstes Zusammentreffen mit Friedrich Engels in Köln
1843	31. März	Verbot der ›Rheinischen Zeitung‹
	19. Juni	Karl Marx und Jenny von Westphalen heiraten
	Oktober	Karl und Jenny Marx ziehen nach Paris um
	Dezember	Bekanntschaft mit Heinrich Heine
1844	Februar	In Paris erscheint die von Karl Marx und Arnold Ruge herausgegebene Zeitschrift ›Deutsch-Französische Jahrbücher‹ als Doppelheft
	1. Mai	Geburt der Tochter Jenny
	Juli	Beginn der Mitarbeit an der Emigrantenzeitung ›Vorwärts‹ in Paris
	28. August	Zweite Begegnung mit Engels, sie markiert den Beginn einer lebenslangen Freundschaft
1845	3. Februar	Ausweisung aus Frankreich nach Belgien

	Mai	Friedrich Engels' Buch ›Die Lage der arbeiten-den Klasse in England‹ erscheint
	August	Erste Gemeinschaftsarbeit von Marx und Engels ›Die heilige Familie oder Kritik der kritischen Kritik‹ veröffentlicht
	26. September	Geburt der zweiten Tochter Laura
	1. Dezember	Entlassung aus der preußischen Staatsbürger-schaft
1846	Mai	Marx und Engels stellen ihr zweites Gemein-schaftswerk fertig, ›Die deutsche Ideologie‹, für das sie zu Lebzeiten aber keinen Verleger finden
1847	2. bis 9. Juni	Erster Kongress des Bundes der Kommunisten, bisher Bund der Gerechten, dem Marx und Engels zu Jahresbeginn beigetreten waren, in London
	Juli	In Brüssel erscheint Marx' Polemik gegen Proudhon ›Misère de la philosophie‹
	September	Beginn der Mitarbeit an der ›Deutschen-Brüsseler-Zeitung‹
	8. Dezember	Marx und Engels erhalten am Schluss des zweiten Kongresses des Bundes den Auftrag, ein Programm zu entwerfen
1848	Januar	Marx schickt den Text des ›Kommunistischen Manifests‹ nach London, wo er im März ge-druckt wird
	22. Februar	Aufstand in Frankreich löst gleich einer Ketten-reaktion Revolutionen in fast allen europäi-schen Staaten aus
	4. März	Marx wird aus Belgien ausgewiesen und flieht mit der Familie nach Paris
	13. März	Fürst Metternich in Wien zurückgetreten
	18. März	Der preußische König Friedrich Wilhelm IV. verfügt durch Patent Abschaffung der Zensur Revolution in Berlin, Truppen ziehen ab
	11. April	Marx und Engels treffen in Köln ein
	18. Mai	Deutsche Nationalversammlung tritt in der Frankfurter Paulskirche zusammen
	1. Juni	Die erste Ausgabe der ›Neuen Rheinischen Zei-tung‹ erscheint in Köln, Marx ist Chefredakteur
	5. Dezember	Preußischer König »oktroyiert« Verfassung
1849	7./8. Februar	Prozesse vor dem Kölner Geschworenengericht wegen Magistratsbeleidigung und Anstiftung zur Rebellion enden mit Freisprüchen
	28. März	Nationalversammlung verkündet die deutsche Reichsverfassung

	16. Mai	Der staatenlose Marx wird aus Preußen ausgewiesen
	19. Mai	Die letzte Ausgabe der ›Neuen Rheinischen Zeitung‹ erscheint in roten Lettern
	19. Mai	Marx verlässt Köln und reist mit Familie nach Paris, von wo er ebenfalls ausgewiesen wird
	24. August	Marx reist nach London aus, wohin ihm seine Familie im September folgt
	September	Zentralbehörde des Bundes der Kommunisten konstituiert sich unter Marx' Leitung in London neu
1850	6. März	In Hamburg erscheint die erste von sechs Ausgaben der von Marx in London redigierten ›Neuen Rheinischen Zeitung. Politisch-ökonomische Revue‹
	Juli	Marx beginnt mit dem systematischen Studium der politischen Ökonomie im Lesesaal des Britischen Museums
	15. November	Engels tritt in den Dienst der väterlichen Firma Ermen und Engels in Manchester und erwirtschaftet künftig das Geld, mit dem er Marx und dessen Familie finanziert
	Dezember	Familie Marx bezieht eine Zwei-Zimmer-Wohnung in der Dean Street im Londoner Stadtteil Soho
1851	Mai	Verhaftung der führenden Mitglieder des Bundes der Kommunisten in Köln
	Juni	Marx' nichtehelicher Sohn Frederick Demuth geboren
	September	Mitarbeit an der ›New-York Daily Tribune‹ als deren Europakorrespondent
1852	19. Mai	›Der 18. Brumaire des Louis Bonaparte‹ erscheint in New York
	12. November	Prozess gegen die führenden Mitglieder des Bundes der Kommunisten in Köln endet mit der Verurteilung der meisten zu hohen Haftstrafen
	17. November	Bund der Kommunisten in London löst sich auf Marx' Antrag auf
1853	Januar	›Enthüllungen über den Kommunisten-Prozess in Köln‹ in Basel veröffentlicht
1854	Januar	Marx' Artikelserie gegen Lord Palmerston erscheint als Broschüre und wird mehrfach nachgedruckt
1855	16. Januar	Tochter Eleanor (»Tussy«) geboren

1856	1. Oktober	Umzug der Familie in ein Reihenhaus in der Grafton Terrace im Norden Londons
1857		Beginn einer größeren Wirtschaftskrise
1857/58		Motiviert durch die Krise schreibt Marx einen Rohentwurf für sein späteres Hauptwerk. Die ›Grundrisse der Kritik der politischen Ökonomie‹ werden erst 1939/41 in Moskau veröffentlicht
1859	11. Juni	Gleichsam als Reinschrift der Eingangspassagen der ›Grundrisse‹ erscheint die Schrift ›Zur Kritik der Politischen Ökonomie‹ in Berlin
1860	1. Dezember	Das Pamphlet ›Herr Vogt‹ erscheint in London
1861	April	Marx fährt auf Einladung von Ferdinand Lassalle für vier Wochen nach Berlin, um dessen Angebot, in Berlin eine Tageszeitung zu gründen, zu prüfen. Doch schon das Gesuch um Wiedereinbürgerung wird abgelehnt
1862	24. September	Otto von Bismarck wird preußischer Ministerpräsident
1863	23. Mai	Lassalle gründet den Allgemeinen Deutschen Arbeiter-Verein in Leipzig
	30. November	Marx' Mutter stirbt in Trier
1864	1. April	Familie Marx zieht in ein größeres Haus, 1, Modena Villas
	28. September	Gründung der Internationalen Arbeiter-Assoziation in London (I. Internationale)
	24. November	Die von Marx verfasste Programmschrift der Internationalen, ›Inaugural-Adresse‹, veröffentlicht
1866	23. August	Friede von Prag beendet Krieg zwischen Preußen und Österreich
1867	14. September	Der erste Band des Hauptwerks ›Das Kapital‹ erscheint in Hamburg
	24. September	Der erste Reichstag des neu gegründeten Norddeutschen Bundes tritt zusammen
1869	30. Juni	Engels beendet seine Arbeit bei der Firma Ermen und Engels in Manchester und lässt sich auszahlen. Marx erhält eine Lebensrente von jährlich 320 Pfund
	9. August	Gründung der Sozialdemokratischen Arbeiterpartei in Eisenach
1870	19. Juli	Beginn des deutsch-französischen Krieges
	23. Juli	Marx' ›Erste Adresse des Generalrats über den Deutsch-Französischen Krieg‹ veröffentlicht, im September die ›Zweite Adresse‹

1871	18. Januar	Proklamation des Deutschen Reiches in Versailles
	18. März	Aufstand der Kommune in Paris
	30. Mai	Marx' Adresse ›Der Bürgerkrieg in Frankreich‹ vom Generalrat gebilligt
1872	6. September	Der Kongress der Internationalen beschließt auf Marx' Drängen die Verlegung des Generalrats nach New York
1874	19. August	Marx mit Tochter Eleanor zur Kur in Karlsbad
1875	27. Mai	Gründung der Sozialistischen Arbeiterpartei Deutschlands durch Vereinigung der beiden sozialistischen Parteien. Marx' Kritik am Parteiprogramm ›Randglossen zum Programm der deutschen Arbeiterpartei‹ wird nicht veröffentlicht
	März	Familie Marx bezieht ein kleineres Haus, 44, Maitland Park Road
1878	18. Oktober	Verabschiedung des Gesetzes gegen die gemeingefährlichen Bestrebungen der Sozialdemokratie (»Sozialistengesetz«)
1879	18. September	Engels verschickt einen von Marx und ihm entworfenen »Zirkularbrief« an führende Sozialdemokraten
1881	11. Januar	Ehefrau Jenny Marx stirbt
1882	Februar	Marx beginnt eine längere Reise, die ihn nach Algier, Südfrankreich und in die Schweiz führt
1883	11. Januar	Marx' älteste Tochter Jenny stirbt in Argenteuil nahe Paris
	14. März	Karl Marx stirbt in London

Bibliografie

Werkausgaben

Karl Marx und Friedrich Engels: Gesamtausgabe, hrsg. v. Institut für Marxismus-Leninismus beim ZK der SED/Internationale Marx-Engels-Stiftung (seit 1990), Berlin 1975 ff.
Diese Gesamtausgabe soll in über 120 Bänden sämtliche Schriften, Briefe, Entwürfe und Exzerpte enthalten.

Karl Marx und Friedrich Engels: Werke, hrsg. v. Institut für Marxismus-Leninismus beim ZK der SED, Berlin 1956–1962
Die Werkausgabe umfasst in 42 Bänden sämtliche abgeschlossenen Schriften und den Briefwechsel der Autoren. Auch die wichtigsten Entwürfe und Manuskripte sind zusätzlich abgedruckt. Trotz mancher kleinerer Mängel und aus heutiger Sicht anstößiger Kommentierung bleibt diese verlässliche Ausgabe auch heute die Grundlage jeder Marx-Beschäftigung.

Karl-Marx-Ausgabe, Werke. Schriften. Briefe, hrsg. v. Hans-Joachim Lieber, Stuttgart und Darmstadt 1962–1988
Diese auf sechs Bände angelegte Studienausgabe war als eine Art kleines Gegenstück zur Ost-Berliner Werke-Ausgabe konzipiert, deren Bände anfangs in der Bundesrepublik nicht verfügbar waren und deren Qualität nicht abschätzbar erschien. Anstelle des nicht erschienenen Briefbandes wurde ein Marx-Lexikon der zentralen Begriffe der politischen Philosophie von Karl Marx zusammengestellt.

Karl Marx und Friedrich Engels: Studienausgabe in fünf Bänden, hrsg. v. Iring Fetscher, Berlin 2004
Die Taschenbuchausgabe mit Texten und Textauszügen ist nach den Teilen Philosophie, Politische Ökonomie, Geschichte und Politik sowie Prognose und Utopie gegliedert und bietet dem Anfänger einen guten Einstieg in die Marx-Lektüre.

Weiterführende Literatur

Avinieri, Shlomo: The Social and Political Thought of Karl Marx, London 1968
Eine kritische und gut lesbare Darstellung der Gedankenwelt von Marx durch den Jerusalemer Politikwissenschaftler.

Billstein, Heinrich: Marx in Köln, Köln 1983
Kurze Beschreibung und Dokumentation des Wirkens von Marx als Journalist während der Revolution von 1848/49.

Blumenberg, Werner: Karl Marx mit Selbstzeugnissen und Bilddokumenten (1962), 28. Auflage, Reinbek 2001
Gut lesbare und wissenschaftlich abgesicherte kurze Biografie.

Euchner, Walter: Karl Marx, München 1983
In der Reihe ›Große Denker‹ erschienene Einführung in Marx' Theorien mit einem Abriss seines Lebens.

Fetscher, Iring: Von Marx zur Sowjetideologie, 17. Auflage, Frankfurt/M. 1972
Seit 1956 hat der Sozialdemokrat Fetscher zahlreiche populäre Bände zur Einführung in das Denken von Marx veröffentlicht. Anfangs stand die Entlarvung des Marxismus-Leninismus im Zentrum seines Erkenntnisinteresses.

Friedenthal, Richard: Karl Marx. Sein Leben und seine Zeit, München 1981
Der bekannte Verfasser zahlreicher Biografien beschreibt anschaulich und unterhaltsam, aber zugleich zuverlässig Marx' Lebensverhältnisse.

Kapp, Yvonne: Eleanor Marx, 2 Bde., London 1972
Die britische Autorin beschreibt das tragisch endende Leben der jüngsten Marx-Tochter und zeichnet ein anschauliches Bild der schwierigen Familienverhältnisse im Hause Marx.

Karl Marx. Biographie, hrsg. v. Institut für Marxismus-Leninismus beim ZK der KPdSU, Berlin 1975
Die von einem sowjetischen Autorenkollektiv geschriebene Biografie ist schon wegen ihres Umfangs von 901 Seiten sehr materialreich, leidet aber an der hagiografischen Tendenz.

Karl Marx. Dokumente seines Lebens 1818 bis 1883, zusammengestellt u. erläutert v. Manfred Kliem, Leipzig 1970
Eine gut lesbare und verlässliche Biografie in Dokumenten.

Künzli, Arnold: Karl Marx. Eine Psychographie, Zürich und Wien 1966
Der Baseler Professor versucht, Marx' Leben und Denken psychologisch zu deuten. Marx auf der Couch des Psychiaters.

Mayer, Gustav: Friedrich Engels. Eine Biographie, 2 Bde., Frankfurt/M. 1975
Mayers zuerst 1932 erschienene wissenschaftliche und gut lesbare Engels-Biografie gilt immer noch als klassisches Werk, in dem auch das Verhältnis zu Marx abgehandelt wird.

McLellan, David: Karl Marx. A Biography, 1973, 4. Aufl. London 2005
Diese Biografie des britischen Politikwissenschaftlers ist das mit viel Sympathie für Marx, aber nicht unkritisch geschriebene Standardwerk. Von der Erstausgabe erschien 1974 eine deutsche Übersetzung.

Mehring, Franz: Karl Marx. Geschichte seines Lebens (1918),
5. Aufl., Leipzig 1933
*Erste wissenschaftliche Marx-
Biografie des Historikers der Sozialdemokratie, die zuerst 1918 erschienen ist.*

Miller, Sepp und Bruno Sawadz-
ki: Karl Marx in Berlin. Beiträge zur Biographie, Berlin
1953
*Verdienstvoller Versuch, den Spuren
von Marx' Aufenthalt als Student in
Berlin nachzugehen.*

Mohr und General. Erinnerungen
an Marx und Engels, hrsg. v.
Institut für Marxismus-Leninismus beim ZK der SED, Berlin 1964
*Nützliche Zusammenstellung von
Erinnerungen von Zeitgenossen
an Marx und Engels, die auch das
Privatleben nicht aussparen.*

Monz, Heinz: Karl Marx –
Grundlagen der Entwicklung
zu Leben und Werk, Trier 1973
*Monz hat mit Liebe zum Detail
Marx' Jugendjahre in Trier und das
Umfeld der Familie nachgezeichnet.*

Nicolaevsky, Boris und Otto
Maenchen-Helfen: Karl Marx.
Eine Biographie, Bonn-Bad
Godesberg 1973
*Die zuerst 1937 im französischen
Exil veröffentlichte Biografie der
sozialdemokratischen Historiker
hat nichts von ihrer Lebendigkeit
und Anschaulichkeit verloren.*

Prawer, Siegbert S.: Karl Marx
und die Weltliteratur, München
1983
*Marx war ein literarisch gebildeter
Zeitgenosse. Prawer untersucht,
wie Beschäftigung mit der Literatur
Eingang in die ökonomischen und
politischen Schriften von Marx
gefunden hat.*

Raddatz, Fritz J.: Karl Marx. Eine
politische Biografie, Hamburg
1975
*Gut lesbare kritische Biografie,
der seinerzeit eine Reihe von Detail-
fehlern angelastet wurde.*

Rubel, Maximilien: Marx-Chro-
nik, 4. Aufl., München 1983
*Der französische Marx-Forscher
hat eine kurze, nach Jahren geord-
nete Chronologie der Schriften,
politischen Aktionen und wichtigen
Ereignisse im Leben von Marx
zusammengestellt.*

Sasson, Donald: One Hundred
Years of Socialism, London
1996
*Der britische Historiker beschreibt
sehr anschaulich den Weg der
sozialdemokratischen Bewegung
in Westeuropa von Marx bis heute.*

Schieder, Wolfgang: Karl Marx als
Politiker, München 1991
*Der Historiker Schieder zeich-
net das Wirken von Marx als eine
Geschichte von gescheiterten Versuchen, politischen Einfluss zu
nehmen.*

Vranicki, Predag: Geschichte des
Marxismus, 2 Bde., Frank-
furt/M. 1972, 1974
*Der jugoslawische Autor analysiert
die Strömungen und Richtungen
des Marxismus, die sich seit den
Anfängen in den dreißiger Jahren*

des 19. Jahrhunderts bis Mitte der siebziger Jahre des 20. Jahrhunderts gebildet haben.

Weissweiler, Eva: Tussy Marx. Das Drama der Vatertochter, Frankfurt/M. 2004
Die Autorin behandelt das Familienleben der Marxens und schildert einfühlsam die Tragödie der jüngsten Tochter.

Wheen, Francis: Karl Marx, München 2001
Der britische Journalist hat eine sehr anschauliche, gut lesbare und von kritischer Sympathie getragene Biografie geschrieben. Die Quellen hat er gut recherchiert, sich aber auch auf die klassische Darstellung von McLellan verlassen.

Personenregister

Alighieri, Dante 20f., 117
Allen, Dr. 122
Altenstein, Karl Freiherr von 29, 36
Anneke, Friedrich 83
Annenkow, Pawel 66
Arendt, Hannah 16
Argyll, Earl of 20
Aristophanes 20
Arnim, Bettina von 25
Aveling, Edward 155

Bachmann, Carl Friedrich 37
Bakunin, Michail A. 7, 48, 147f.
Bangya, János 91
Bauer, Bruno 15, 21, 34–39, 52f., 58
Bauer, Edgar 58
Bauer, Otto 170
Bebel, August 158, 166
Becker, Hermann 58
Bernays, Lazarus 59f.
Berncastel, Lion 15, 17
Bernstein, Eduard 166
Blind, Karl 89
Börne, Ludwig 48, 52
Börnstein, Heinrich 58ff.
Brecht, Bertolt 75, 93, 146
Bürgers, Heinrich 81
Burns, Mary 100f., 123

Cabet, Étienne 50, 67
Camphausen, Ludolf 83
Carlyle, Thomas 55
Chamisso, Adelbert von 25
Cobbett, William 63
Considérant, Victor 50
Cooper, Thomas 63
Chruschtschow, Nikita S. 172

Dana, Charles 96, 111
Delessert, Gabriel 68
Demokrit 35
Demuth, Frederick 101
Demuth, Helene 62f., 99, 101, 119, 152, 158
Descartes, René 7
Dietz, Oswald 104
Dronke, Ernst 79, 81
Dühring, Eugen 164
Duff, Grant 159
Duncker, Franz Gustav 113, 121
Dupont, Eugène 143

Eccarius, Johann Georg 89, 139
Eichhorn, Johann Albert Friedrich 38
Engels, Friedrich (Vater von F. E.) 42, 94
Engels, Friedrich 9f., 15f., 19, 40, 42f., 46, 50, 52, 54f., 57f., 63–71, 73f., 76, 79, 81–84, 86–89, 91–98, 100–103, 106, 109, 111f., 114f., 118f., 121–126, 131, 134f., 137f., 148, 150ff., 154, 156, 158f., 161f., 164ff., 169f., 172
Epikur 35
Ermen, Peter 42, 94f., 148

Fetscher, Iring 11
Feuerbach, Ludwig 27, 35, 46f., 52f., 55, 64f.
Flechtheim, Ossip K. 11
Flocon, Ferdinand 77
Fourier, Charles 48, 67
Freiligrath, Ferdinand 60, 81, 86, 93, 96
Freund, Michael 11
Friedrich Wilhelm III., König von Preußen 14, 17, 36

Ortsregister

Bildnachweis

akg, Berlin 1, 6, 7, 9, 11, 12, 13, 14, 16, 22, 23, 26, 29, 31, 32, 36 / bpk, Berlin 2, 18 (Nationalgalerie, SMB/Jörg P. Anders), 19 / Deutsches Historisches Museum, Berlin 5 / Friedrich-Ebert-Stiftung, Karl-Marx-Haus Trier 3 / Internationales Institut für Sozialgeschichte, Amsterdam 15, 21, 27, 28, 30/ aus: Karl Marx und Friedrich Engels. Ihre Leben und ihre Zeit, Ost-Berlin 1978 10, 20, 25 / Stadtarchiv Trier 4 / aus: Karl Marx. Sa vie et son œuvre, Moskau 1983 8, 17 / privat 35, 36 / ullstein bild, Berlin 34

Leider ist es trotz aller Bemühungen nicht in allen Fällen gelungen, die etwaigen Rechteinhaber zu ermitteln. Berechtigte Ansprüche werden im Rahmen der üblichen Vereinbarungen abgeglichen.

<u>dtv</u> portrait

Herausgegeben von Martin Sulzer-Reichel
Originalausgaben

Biografien bedeutender Frauen und Männer aus
Geschichte, Literatur, Philosophie, Kunst und Musik

Sämtliche Titel aus der Reihe finden Sie auf unserer Website unter www.dtv.de oder im <u>dtv</u> Gesamtverzeichnis, das überall im Buchhandel erhältlich ist.

Bücher, die die Welt veränderten

In der Geschichte der Menschheit gibt es Werke, die das Leben, das Denken und den Glauben so nachhaltig beeinflusst haben, dass sie über Jahrhunderte aktuell blieben. Die Reihe ›Bücher, die die Welt veränderten‹ stellt diese Basistexte knapp, informativ und anschaulich dar. Die Autoren sind international renommierte Kenner ihres Fachs.

Simon Blackburn
Platon. Der Staat
Übers. v. Andreas Hetzel
ISBN 978-3-423-**34430**-2
»Wunderbar geschrieben …
Eine fesselnde Lektüre«
(The Times)

Bruce Lawrence
Koran
Übers. v. Hans-Georg Türstig
ISBN 978-3-423-**34431**-9
»Bewundernswert ausgewogen
und informativ«
(New Statesman)

Christopher Hitchens
Thomas Paine.
Die Rechte des Menschen
Übers. v. Wieland Grommes
ISBN 978-3-423-**34432**-6
»Ohne Paines Arbeiten wäre
die westliche Zivilisation
ärmer.« (Die Welt)

Janet Browne
Charles Darwin.
Der Ursprung der Arten
Übers. v. Kurt Neff
ISBN 978-3-423-**34433**-3
»Dieses Buch über ein Buch
hilft, Darwin zu verstehen«
(Stuttgarter Nachrichten)

P. J. O'Rourke
Adam Smith.
Der Wohlstand der Nationen
Übers. v. Hans Freundl
ISBN 978-3-423-**34459**-3

Hew Strachan
Clausewitz. Vom Kriege
Übers. v. Karin Schuler
ISBN 978-3-423-**34460**-9

Francis Wheen
Karl Marx. Das Kapital
Übers. v. Kurt Neff
ISBN 978-3-423-**34458**-6

Die Reihe wird fortgesetzt.

Bitte besuchen Sie uns im Internet: www.dtv.de